나대용, 태양계 탐사선에 납치되다!

떴다! 지식 탐험대 - 태양계
나대용, 태양계 탐사선에 납치되다!

초판 제1쇄 발행일 2011년 3월 20일
개정판 제1쇄 발행일 2020년 12월 20일
개정판 제2쇄 발행일 2021년 3월 30일
글 이희주 그림 백두리 감수 박병곤
발행인 박헌용, 윤호권 발행처 (주)시공사 주소 서울시 성동구 상원1길 22
전화 문의 02-2046-2800 홈페이지 www.sigongsa.com / www.sigongjunior.com

ⓒ 이희주·백두리, 2011

이 책의 출판권은 (주)시공사에 있습니다.
저작권법에 의해 한국 내에서 보호받는 저작물이므로, 무단 전재와 무단 복제를 금합니다.
ISBN 979-11-6579-286-2 74440
ISBN 979-11-6579-001-1 (세트)

홈페이지 회원으로 가입하시면 다양한 혜택이 주어집니다.
잘못 만들어진 책은 구입하신 곳에서 바꾸어 드립니다.

KC마크는 이 제품이 공통안전기준에 적합하였음을 의미합니다.
제조국 : 대한민국   사용 연령 : 8세 이상
주의 사항 : 책장에 손이 베이지 않게, 모서리에 다치지 않게 주의하세요.

지식탐험대

나대용, 태양계 탐사선에 납치되다!

글 이희주 / 그림 백두리 / 감수 박병곤

시공주니어

작가의 말

"안녕하십니까? 여러분!
저희 버진 우주 관광 회사를 이용해 주셔서 감사합니다.
여러분은 곧 우주 공항에 마련된 '스페이스십 투' 우주선을 타고
환상적인 우주여행을 떠나게 됩니다.
스페이스십 투는 여러분을 지구 대기권 밖 100km까지 모실 것입니다.
우주에서 아름다운 지구를 감상하고 지구 표면을 관찰해 보십시오!
지구 중력에서 벗어나 마음껏 우주 유영을 즐기십시오!
여러분 모두 안전하고 즐거운 여행이 되도록 정성껏 모시겠습니다."

이런 안내 방송을 듣는 일이 먼 미래의 이야기일까요?

절대 그렇지 않아요. 영국의 버진 그룹은 우주 여행선 스페이스십 투를 이미 공개했답니다. 우주 공항도 만들기 시작했지요. 몇 년 전에는 시험 비행에 성공했고, 곧 우주여행을 시작한다는 계획도 발표했어요. 벌써 600여 명이나 되는 사람이 우주여행을 신청했다지 뭐예요? 지금은 많이 비싸지만 값도 점차 싸져서 보다 많은 사람들이 우주여행을 떠나는 시대가 올 거예요. 우주여행 회사들은 달 여행을 위해 우주선이 중간에 쉬었다 갈 수 있는 우주 호텔 건설도 계획하고 있대요. 말 그대로 '우주 시대'가 열리고 있지요.

그러니 우주 시대를 살아갈 여러분은 적어도 우리가 살고 있는 지구라는 행성이 우주 어디에 있는지, 지구의 이웃 행성들은 어떤 행성인지 알아야 하지 않을까요?

마침, 먼 우주에서 '기묘박사'라는 이상한 이름의 우주선을 타고 쿵샤르와 팡소로가 찾아왔네요. 그것도 지구가 속한 태양계를 탐사하러 말이에요. 우리도 살짝 기묘박사에 올라타 이들의 태양계 탐사를 따라가 볼까요? 기묘박사에는 납치된 나대용과 홍순용 여사도 타고 있답니다. 그러니 우리가 나대용과 홍순용 여사를 도와줄 수도 있지 않겠어요?

분명 모험이 가득하고 흥미진진한 여행이 될 거예요! 별로 안전하진 않겠지만.

이희주

작가의 말 4
등장인물 8

제1장 나대용, 납치되다 10
쿵샤르의 태양계 탐사 일지 생명체가 사는 행성, '지구' 발견 20
궁금해! 궁금해! 옛날 사람들도 지구가 둥글다고 생각했을까? 22

제2장 아무도 모르는 탑승자 24
쿵샤르의 태양계 탐사 일지 태양계에 관한 간추린 보고서 34
궁금해! 궁금해! 코페르니쿠스가 누굴까? 36

제3장 토끼 대신 '루노호트' 38
쿵샤르의 태양계 탐사 일지 곰보투성이 위성, 달 48
궁금해! 궁금해! 지구에서 보면 왜 달의 모양이 변할까? 50

제4장 오, 태양! 악, 태양! 52
쿵샤르의 태양계 탐사 일지 평범하지만 특별한 별, 태양 62
궁금해! 궁금해! 태양까지는 얼마나 멀까? 64

제5장 날짜가 뒤죽박죽 66
쿵샤르의 태양계 탐사 일지 정신없는 수성과 혈압 올리는 금성 76
궁금해! 궁금해! 금성을 샛별이라고 부르는 이유는? 78

제6장 붉은 황무지에서 찾은 희망 80
쿵샤르의 태양계 탐사 일지 강력한 후보지, 화성 90
궁금해! 궁금해! 화성에는 정말 생명체가 살았을까? 92

제7장 수많은 장애물과 거대한 소용돌이 94
쿵샤르의 태양계 탐사 일지 태양계에서 가장 큰 행성, 목성 106
궁금해! 궁금해! 소행성, 재앙일까, 선물일까? 108

제8장 발각되다 110
쿵샤르의 태양계 탐사 일지 볼거리 많은 토성 122
궁금해! 궁금해! 토성은 어떻게 멋진 고리를 갖게 되었을까? 124

제9장 머나먼 행성 126
쿵샤르의 태양계 탐사 일지 삐딱한 천왕성과 바람 잘 날 없는 해왕성 136
궁금해! 궁금해! 행성 발견자들 138

제10장 이별 140
쿵샤르의 태양계 탐사 일지 1차 태양계 탐사 끝! 150
궁금해! 궁금해! 지구의 우주 탐사선은 어디까지 갔을까? 152

뒷이야기 156

나대용

외계인의 존재를 믿는 초등학교 4학년 남자아이. '나대용'이라는 이름은 홍대용의 후손인 할머니 홍순용 여사가 우겨서 지은 것이다. 나르 행성에서 온 쿵샤르 일행에게 납치되어 함께 태양계를 탐사하게 된다. 호기심이 많아 가끔은 앞뒤를 가리지 않을 정도로 용감한 구석이 있지만, 할머니한테는 유달리 어리광이 심하다.

홍순용 여사

나대용의 할머니. 18세기 조선 시대 실학자이자 과학 사상가인 홍대용의 5대손이다. 맞벌이하는 나대용의 부모를 대신해서 초등학교 2학년 때까지 나대용을 길렀다. 나대용이 우주에 대해 관심을 갖게 된 건 거의 할머니의 영향이다. 여름 방학 동안 나대용을 돌봐 주러 왔다가 나대용과 함께 기묘박사에 납치된다.

나비

도서관에서 살던 바퀴벌레. 책을 많이 읽어서 우주에 대해 많은 것을 알고 있다. 나대용이 빌린 책 속에 있다가 나대용이 가방을 든 채 납치되는 바람에 함께 기묘박사에 타게 된다. '나비'라는 이름은 나비처럼 하늘을 날고 싶어서, 또 누구나 예쁘다고 하는 나비처럼 사랑받고 싶어서 자기가 직접 지은 이름이다.

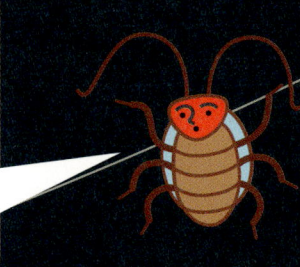

쿵샤르

나르 행성 태양계 탐사대 대장. 책임감이 강하며 우주에 대한 지식이 풍부하나 걱정이 많고 겁도 많다. 자신의 약한 모습을 숨기려 겉으로는 엄하고 강한 척한다.

팡소로

나르 행성 태양계 탐사대 대원. 언제나 에너지가 넘치고 심심한 건 못 견디며, 늘 생각보다 행동이 앞선다. 사사건건 자기를 무시하는 얄미운 기묘박사를 이겨 보려고 애쓰지만 늘 당하기만 한다.

기묘박사

쿵샤르와 팡소로가 타고 온 우주선이자 인공 지능 로봇. 3D 화면과 카메라 등 기본 장치뿐 아니라 물체를 감지하고 물질을 분석하는 등 탐사에 필요한 여러 가지 첨단 기능을 갖추고 있다. 우주를 비행할 때는 접시 모양이지만 착륙하여 이동할 때는 곤충 형태의 로봇으로 변신한다. 별도의 탐사 차와 우주 캡슐이 갖춰져 있다.

제1장
나대용, 납치되다

    나대용은 방학식을 마치고 집으로 돌아가는 길이었다. 내일부터 기다리던 여름 방학이다. 하지만 기분이 영 별로다. 어제 나대용은 꿈에도 그리던 UFO 사진을 찍는 데 성공했다. 방에서 창밖을 보고 있는데 하늘에 비행접시처럼 보이는 물체가 나타나 지그재그로 왔다 갔다 하다가 사라진 것이다. 나대용은 그 순간을 놓치지 않았다.
  "찰칵!"
  '찍혔다, 찍혔어!'
  하지만 바로 그 사진 때문에 아이들에게 웃음거리가 되고 말았다.
  "너 저번에도 UFO 찍었다고 하지 않았냐?"
  "네가 UFO를 봤다면 난 외계인하고 놀았다, 게임에서. 하하하."
  황주호의 말에 아이들은 모두 웃음을 터뜨렸다.

  "쳇, 믿기 싫음 관두라지!"
  나대용은 화풀이하듯 내뱉고 부지런히 걸음을 옮겼다.
  '지금쯤 할머니가 와 계시겠지?'

아빠 엄마가 출장을 가서 한 달 동안 할머니가 집에 와 계시기로 한 터였다. 나대용의 할머니, 홍순용 여사가 누구던가? 홍대용의 5대손으로 손자에게 '대용'이라는 이름을 지어 주고 우주와 외계인에 대한 꿈을 심어 주신 분이 아니던가?

"홍대용은 조선의 코페르니쿠스여. 지구가 태양 둘레를 돈다는 것이 조선에 알려지기도 전에 지구가 하루 한 번 스스로 돈다는 '지전설'을 말씀하신 분이거든. 어디 그뿐이냐? 드넓은 우주 어딘가에는 사람처럼 생각할 줄 아는 외계인이 살고 있을 거라고도 하셨단다. 그건 당시 청나라에 들어와 있던 코쟁이들도 말한 적이 없는 독창적인 생각이었지. 집에 '농수각'이라는 천문대도 있었다니 말해 뭐혀. 내가 그분의 5대손이다. 그러니 대용이 너도 홍대용의 후손이여."

그런 홍순용 여사가 맞벌이하는 부모님을 대신해서 재작년까지 대용을 길렀으니 나대용이 UFO 사진을 찍고, 외계인을 만나겠다는 꿈을 갖게 된 건 어쩌면 당연한 일이었다.

"할머니, 어때? UFO 맞지?"
나대용은 집에 도착하자마자 홍순용 여사에게 카메라를 들이밀었다. 홍순용 여사는 돋보기를 찾아 쓰고 천천히 사진을 들여다보았다.
"틀림없네. 내 어렸을 적에 꼭 한 번 UFO를 본 적이 있는디 그때는 사진기가 어디 있어? 그래 그 비행접시를 마냥 따라갔는디 어느 결에 내빼 버리잖어. 그날 다시 집까지 되돌아오느라 발에 물집이 다 잡혔어. 아, 근디 나중에 보니 미국 어디에 비행접시가 떨어졌다지 뭐냐."
홍순용 여사는 사실인지 거짓인지 모를 무용담을 또 읊어 댔다.
"할머니, 그런데 아이들이 안 믿어. 오늘 다시 안 올까? 더 가까이에서 찍으면 걔들도 아무 말 못 할 텐데……."

그날 홍순용 여사와 나대용은 틈틈이 창밖을 살폈다. 저녁을 먹은 뒤에는 아예 창밖으로 나란히 얼굴을 내밀고 UFO가 나타나기만 기다렸다. 하지만 동쪽 하늘에 낮게 뜬 보름달이 제법 높이 떠오르도록 UFO는커녕 비행기 한 대도 보이지 않았다.
"오늘은 안 오나 보네. 할미는 고개가 아파서 그만 일어나야겠다."
"조금만, 조금만 더, 할머니."
"오늘은 이만허고 달 구경이나 나가자. 보름달이 제법 밝구나."
 홍순용 여사가 어깨와 목을 두드리며 자리에서 일어났다. 나대용도 마지못해 따라 일어났다. 잔잔한 바람이 불어 밖은 제법 시원했다.
"어디, 토끼가 방아를 잘 찧고 있나 볼까?"
 홍순용 여사는 나대용에게 눈을 찡긋하고는 달을 올려다보았다.
"누워 자고 있는데? 토끼가 일하기 싫은가 봐, 할머니."
 나대용도 달을 보며 킬킬거렸다. 달은 어느새 남쪽 하늘 가까이에 높이 떠 있었다.

 그 순간 쿵샤르와 팡소로는 인공 지능 우주선, '기묘박사' 안에서 나대용과 홍순용 여사를 지켜보고 있었다. 기묘박사는 구름 속에 교묘하게 숨어 있었다.
"기묘박사의 사진을 찍은 놈이 저놈이란 말이지? 기묘박사, 저들의 데이터를 잘 저장해 두도록!"
"지잉, 걱정 마십시오, 쿵샤르 님. 벌써 형체 분석이 끝났습니다. 언제 어디서든 녀석들을 찾아낼 수 있습니다."
 기묘박사는 자신 있게 대답했다.

"이제 겨우 노랑별 행성계 탐사를 시작하는 마당에 우리의 존재가 지구인들에게 노출되는 건 좋지 않아."

쿵샤르는 이렇게 말하며 눈알을 굴려 댔다. 뭔가 골치 아픈 일이 닥쳐 해결책을 찾으려고 할 때 나오는 버릇이었다.

"하지만 저런 할망구와 꼬맹이가 뭘 할 수 있겠어요."

팡소로는 평소와 다름없는 밝은 목소리였다.

"아니, 그렇지 않아. 저들의 말을 듣지 못했나? 저들은 맨눈으로 달에서 무슨 일이 일어나는지 다 보고 있어. 그건 기묘박사보다도 시력이 좋다는 뜻이다. 어쩌면 저 꼬마는 벌써 나와 자네에 대해 알고 있을지도 모르지. 우리의 정체를 더 알아내기 전에 저들을 데려와야겠다."

쿵샤르가 단호한 목소리로 말했다.

"오호, 좋은 생각인걸요. 저들의 시력이 정말 '기묘박사보다' 더 뛰어나다면 노랑별 행성계 탐사에 큰 도움이 될 거예요. 게다가 노랑별 행성계에 관한 것은 저들이 '기묘박사보다' 더 많이 알고 있지 않겠어요?"

팡소로는 특히 '기묘박사보다'라는 말에 힘을 주며 말했다. 틈만 나면 자기를 무시하고 잘난 척하는 기묘박사 때문에 약이 오를 대로 올라 있었기 때문이다.

"지잉, 생명체가 그 정도로 좋은 시력을 지녔다니 믿기지 않습니다만, 적어도 팡소로 님보다는 탐사에 더 도움이 될 것 같군요."

기묘박사도 지지 않고 말했다.

"좋아, 그럼 둘 다 찬성이로군. 노랑별이 다시 저들의 머리 위에 올 때 나노 캡처로 데려오기로 하지."

쿵샤르는 한마디로 상황을 정리했다.

나대용과 홍순용 여사가 쿵샤르 일행에게 납치된 건 바로 다음 날이었다. 둘은 도서관에서 책을 빌려 돌아오던 길이었다. 《외계인을 만난 사람들》이란 제목을 보자마자 나대용은 그 책을 빌리기로 결심했다.
"할머니, 집에 가서 우리 같이 보자."
나대용은 책을 배낭에 넣으며 말했다.
"그려, 근디 안 무겁냐? 할미가 들어 줄까?"
"아니야, 대신 할머니가 이거 들어."
나대용은 가방 속에 있던 카메라를 홍순용 여사에게 주었다.
"이럴 때 UFO가 나타나면 이 할미가 '찰칵' 하고 찍을 텐디……."
홍순용 여사는 카메라를 하늘에 대고 찍는 시늉을 했다. 그때 하늘에서 뭔가가 '반짝' 하더니, 순식간에 나대용과 홍순용 여사가 사라졌다. 주위에는 아무도 없었다. 하지만 만약 누군가 이 장면을 목격했다 해도 딱히 할 말이 없었을 것이다. "어떤 할머니와 남자아이가 길에 서 있었는데 어느 순간 감쪽같이 사라져 버렸어요."라고 스스로도 믿을 수 없는 말을 하며 괴로워했을지 모른다. 하늘을 보지 않았다면 '반짝' 하는 빛조차 햇빛에 가려 잘 보이지 않았을 테니까.

나대용과 홍순용 여사는 고무처럼 말랑말랑한 침대에서 눈을 떴다.
"할머니, 여기가 어디야? 나 무서워."
"그러게, 이게 어떻게 된 노릇이랴? 하지만 너무 겁내지 마라. 호랭

이 굴에 가도 정신만 버쩍 차리면 산다고 했으니 방도가 있겠지."

그때 나대용이 창밖을 가리키며 소리쳤다.

"할머니, 저것 봐!"

창밖에는 어젯밤 보았던 하얀 보름달 대신 보름달보다 훨씬 크고 알록달록한 물체가 떠 있었다.

"에구머니, 달이 왜 저 모냥이냐?"

나대용과 홍순용 여사는 푸른색과 흰색이 어우러진 둥그런 물체를 넋 나간 듯 바라보았다. 그런데 보면 볼수록 어쩐지 낯이 익었다.

"할머니 저건, 달이 아니라 지구야!"

그때 문이 열리더니 얼굴은 삼각형에 팔다리가 여섯 개나 달린 거대한 곤충 같은 것이 들어왔다. 바로 팡소로였다.

"지구인, 안녕? 난 나르 행성에서 온 용감한 팡소로 님이시다."

팡소로가 나대용을 보며 말했다. 하지만 나대용과 홍순용 여사는 귀가 약간 찌릿찌릿했을 뿐 아무 소리도 듣지 못했다.

"지잉, 팡소로 님, 헛수고 그만하세요. 지구인들은 우리 소리를 듣지 못한다고요. 음성 주파수 범위가 우리와 다르거든요."

기묘박사가 지적했다.

"기묘박사, 지구인들에게 '쏙쏙이 칩'을 주입하도록!"

어느새 나타난 쿵샤르가 기묘박사에게 명령했다. 나대용은 쿵샤르와 팡소로를 보면서 생각했다.

'뭐야? 아까 그건 진짜 지구였고, 이건 외계인? 그럼 내가 지금 UFO에 타고 있단 말이야?'

그때 천장에서 긴 팔이 내려오더니 나대용과 홍순용 여사의 귀에 뭔가를 꽂아 넣었다. 나대용과 홍순용 여사는 놀라서 몸을 움찔했다.
 "야, 겁내지 마! 지금 너희에게 만능 귀를 선물하는 거라고. 쏙쏙이 칩만 있으면 어떤 주파수의 소리든 들을 수 있어. 그뿐인 줄 알아? 어떤 언어든 너희들 말로 해석까지 해 준다, 이거야. 그러니 감사한 줄 알라고. 어때, 내 말 들리지?"
 팡소로는 이렇게 말하며 나대용의 얼굴을 빤히 쳐다보았다. 나대용은 겁에 질려 간신히 고개를 끄덕였다. 그러자 쿵샤르가 말했다.
 "잘 들어라. 우리는 나르 행성에서 왔다. 네가 우리 사진을 찍었기 때문에 여기로 데려온 것이다. 우리는 지금 노랑별 행성계를 탐사 중이다. 이건 나르인들의 미래가 걸린 매우 중요한 임무이다. 만약 너희가 탐사에 도움이 된다면 너희를 살려 줄 것이다. 하지만 내 명령에 따르지 않거나 너희가 탐사에 전혀 도움이 되지 않는다고 판단되면……."
 "아이고, 그런 일은 없습니다. 그저 명령에 따르겠습니다."
 홍순용 여사는 쿵샤르의 입에서 나올 말이 두려워 얼른 다짐했다.
 "저도요! 저도 명령에 따를게요. 그러니 꼭 탐사에 데려가 주세요."
 나대용은 자기가 진짜 UFO 사진을 찍었고, 어쩌면 외계인과 함께 우주를 여행할 수도 있다는 사실에 흥분해서 겁도 없이 말했다.
 "어머, 쟤네 뭐야? 감히 쿵샤르 님 말을 중간에서 잘라?"
 팡소로가 씩씩거리자 쿵샤르가 손을 들어 진정시키며 말했다.
 "좋다. 하지만 그 전에 너희가 과연 탐사에 도움이 될지 테스트부터 해 봐야겠다."

쿵샤르의 태양계 탐사 일지

생명체가 사는 행성, '지구' 발견 – 6873아뜨 392나르

(지구인들은 아뜨 대신 '년'을, 나르 대신 '월'과 '일'을 쓴다. 1일은 정확히 2나르와 같다. 오늘 날짜를 지구식으로 쓰면 '2020년 7월 27일'이라고 한다.)

노랑별 행성계 탐사를 위해 나르 행성을 떠나온 지 10아뜨가 지났다. 8나르 전 우리는 생명체가 사는 행성을 발견했다. 그곳에 사는 생명체들은 자기네 행성을 '지구'라는 이름으로 부른다. 지금까지 지구에 대해 알아낸 사실은 다음과 같다.

모양 나르 행성처럼 둥근 공 모양이다. 겉모습은 파란색과 초록색, 흰색 물감을 군데군데 풀어 놓은 듯 알록달록한데 대체로 파랗다. 지구가 파란 건 지구 대기가 대부분 질소와 산소로 이루어져 있고, 표면의 71%가 바다로 덮여 있기 때문이다.

크기 지구의 평균 지름은 1만 2742km이다. km는 지구인들이 쓰는 길이의 단위인데 1km는 기묘박사 지름의 100배에 해당한다.

대기 지구의 대기는 대부분 질소이며 여기에 약간의 산소와 이산화 탄소, 수증기 등이 섞여 있다. 대기 중의 수증기는 구름을 만들기도 하고 비를 내리게 하는 등 날씨 변화를 가져온다.

기온 지구는 기온의 변화가 크지 않은 편이다. 기묘박사는 지구의 평균 기온이 나르 행성보다 약간 높은 15℃ 정도일 것이라고 추정했다.

자전과 공전 지구는 나르 행성처럼 2가지 형태의 운동을 한다. 하나는 스스로 빙글 도는 '자전'이고, 다른 하나는 일정한 궤도를 그리며 노랑별 둘레를 도는 '공전'이다. 지구가 자전하면서 노랑별의 빛을 받는 쪽은 밝은 낮이 되고, 반대쪽은 캄캄한 밤이 된다. 자전하는 데는 지구 시간으로 24시간이 걸리는데, 이는 나르 행성 자전 시간의 딱 2배이다. 공전에 걸리는 시간은 8766시간쯤 될 것이다. 이 시간은 약 365일이고, 이것이 지구의 1년이라고 한다.

중력 지구가 끌어당기는 힘은 나르 행성과 거의 비슷한 것으로 보인다. 덕분에 기묘박사는 아주 편안하게 지구에 착륙하고 이륙할 수 있었다.

위성 '달'이라는 위성이 하나 있다.(지구인들끼리 하는 이야기로 보아 달에는 토끼라는 생명체가 사는 것 같다.)

지구인 지구인은 눈과 귀가 각각 1쌍이고 코와 입은 1개씩 있다. 팔다리는 합해서 2쌍이며 2개의 다리로 서서 걷거나 달린다. 그들은 생각을 할 줄 알고 소리와 몸짓으로 의사소통을 한다. 문자도 가지고 있다.(어쩌면 지구인은 놀라운 시력을 지녔을지도 모른다.)

▶우리는 오늘 지구인 2명을 납치했다. 따라서 앞으로 지구인에 대해 더 많은 정보를 얻을 수 있을 것이다. 탐사에 도움이 될 만한 능력과 지식을 지녔다면 그들을 탐사에 활용할 계획이다. 하지만 그렇지 않다면 그들을 해부해서 지구인의 신체에 대해 분석할 생각이다. 으악, 하지만 나는 해부가 무섭다. 만약 해부를 하게 된다면 그 일은 팡소로와 기묘박사에게 맡겨야겠다.

궁금해! 궁금해!

옛날 사람들도 지구가 둥글다고 생각했을까?

지구가 둥글다는 걸 모르는 사람은 없을 거야. 인공위성에서 찍은 둥근 지구의 모습을 누구나 볼 수 있으니까. 하지만 인공위성도 우주선도 없던 옛날에는 어땠을까?

오래전 우리 조상들은 땅이 네모나고 편평하다고 생각했대. '천원지방'이라는 말 들어 봤어? '하늘은 둥글고 땅은 네모나다'라는 뜻인데 이게 바로 동양 사람들이 생각한 우주의 모습이야. 또 옛날 인도 사람들은 뱀 위에 거북, 거북 위에 코끼리 3마리, 코끼리 3마리 위에 원반 모양의 대륙이 놓여 있다고 생각했다지 뭐야. 이따금 지진이 일어나는 건 대륙을 받치고 있는 동물들이 움직이기 때문이라나.

땅이 편평하다고 생각한 건 서양 사람들도 마찬가지였어. 원반 모양의 지구가 우주의 대양 위에 떠 있어서, 배를 타고 계속 가면 언젠가 우주로 떨어진다고 생각했대.

하지만 사람들은 차츰 땅이 편평하다는 사실을 의심하기 시작했어. 만약 땅이 편평하다면 절대 일어날 수 없는 일들이 관찰되었거든.

첫째, 항구로 배가 들어올 때면 늘 뱃머리부터 보이기 시작해서 점점 배의 전체 모습이 드러나. 땅이 편평하다면 처음부터 배의 뒷부분까지 다 보여야 할 텐데 말이야.

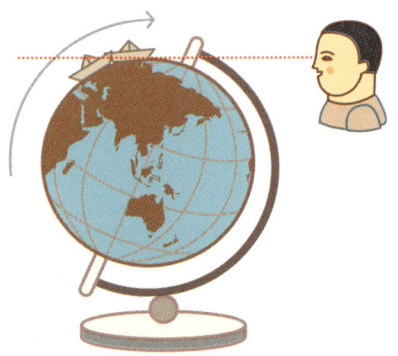

둘째, 태양과 지구와 달이 일직선상에 있게 되면 지구의 그림자가 달을 가리는 월식이 생겨. 그런데 월식 때 달에 비친 지구의 그림자는 언제나 둥근 모양이야.

셋째, 북쪽 하늘에 떠 있는 북극성은 북쪽 지방으로 갈수록 더 하늘 높이 떠 있는 것처럼 보여. 만약 땅이 편평하다면 북쪽 지방이든 남쪽 지방이든 북극성의 높이는 똑같아 보이겠지.

이런 사실들을 통해 사람들은 점차 지구가 둥글다는 생각을 하게 되었어. 포르투갈의 탐험가 마젤란이 이끈 원정대는 1519년부터 약 2년에 걸쳐 태평양을 가로질러 세계 일주에 성공함으로써 마침내 지구가 둥글다는 사실을 증명했지.

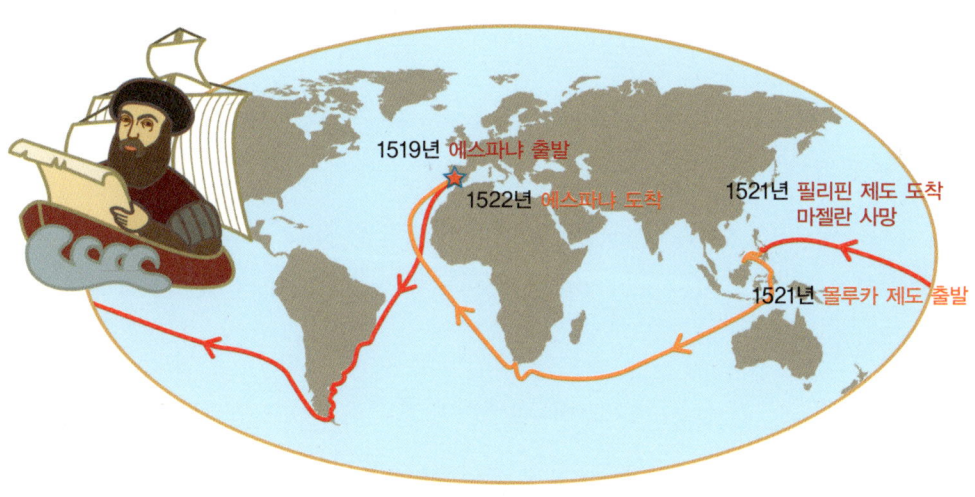

마젤란 원정대의 항해 경로

1957년 최초로 인공위성을 쏘아 올린 뒤로는, 인공위성과 우주선에서 찍은 사진을 통해 모든 사람들이 둥근 지구의 모습을 직접 확인할 수 있단다.

제2장
아무도 모르는 탑승자

팡소로는 나대용과 홍순용 여사를 작은 탁자와 의자가 있는 노란 방으로 데려갔다.

"저기 앉아."

팡소로의 말에 홍순용 여사는 의자 깊숙이 허리를 기대고 앉았다. 하지만 나대용은 아무리 엉덩이를 들이밀어도 자꾸만 밀려 나와 의자 끝에 걸터앉게 되었다. 팡소로는 그런 나대용을 호기심 가득한 눈으로 지켜보다 물었다.

"너, 등 뒤에 그건 뭐니? 지구인은 어린이만 등딱지가 있는 거야?"

나대용은 그제야 자기가 배낭을 메고 있다는 사실을 깨달았다.

"아, 아, 이거?"

나대용은 하마터면 등딱지가 아니라고 사실대로 말할 뻔했다. 하지만 그 순간 배낭 속에 있는 책이 생각났다.

'외계인을 만났던 사람들의 이야기를 보면 뭔가 도움이 될 거야. 하지만 배낭이라고 하면 빼앗아 갈지도 몰라.'

"맞아, 어린이들은 무거운 등딱지가 있어."

나대용이 말했다.

"왜 어린이들만 등딱지가 있어? 신기하다."

팡소로는 말을 하면서도 배낭에서 눈을 떼지 못했다.

"그, 그게 어린이들은 공부를 많이 해야 하거든. 공부를 할수록 등딱지가 가벼워져서 어른이 되면 사라지는 거야."

나대용은 가까스로 둘러댔다.

"아하, 그럼 등딱지는 '공부 주머니'구나."

"맞아. 그런데 테스트는 언제 해?"

나대용은 팡소로가 또다시 배낭에 대해 물을까 봐 얼른 말머리를 돌렸다.

"아, 지금 할 거야."

팡소로는 그제야 해야 할 일이 생각났다는 듯 탁자 위에 있던 녹색 스위치를 눌렀다. 그러자 탁자에서 긴 팔이 나오더니 넓적한 손바닥 같은 것이 나대용과 홍순용 여사의 머리를 쓰다듬고 지나갔다.

"에구머니, 이게 뭐야?"

홍순용 여사는 화들짝 놀라서 의자에 기대고 있던 등을 곧추세웠다.

"지금 뭐 하는 거야? 테스트를 한다더니."

나대용도 깜짝 놀라 소리쳤다.
"문제. 너희들 뇌 속에 문제를 입력한 거야. 검색해 봐."
팡소로가 말했다.

"뇌 속에 문제를 입력한다고?"
"그래, 우리는 잠깐씩 기억해야 하는 게 있으면 말로 하지 않고 직접 뇌에 입력해. 그게 훨씬 편리하거든. 빠르고 정확하고 잊어버릴 염려도 없고. 그렇다고 언제까지나 기억이 남아 있는 건 아니야. 10나르 동안만 보관되니까. 보관 시간을 연장하려면 되풀이해서 떠올려 줘야 해."
"떠올린다?"
나대용은 팡소로가 한 말을 따라서 중얼거렸다. 그리고 '문제는…….' 하고 생각하자 머릿속에서 정말로 문제들이 하나씩 '떠올랐다.' 그건 홍순용 여사도 마찬가지였다.

'지구처럼 노랑별을 도는 행성은 몇 개인가?'

머릿속에 처음 '떠오른' 문제였다.

"노랑별이라면 태양을 말하는 거지? 그러니까 태양계에 행성이 몇 개 있느냐는 거네?"

나대용이 문제를 확인하며 말했다.

"너희들은 노랑별을 '태양'이라고 부르는 모양이군. 좋다, 우리도 앞으로 그렇게 부르도록 하지. 무엇이든 먼저 발견하고 이름 붙인 자의 의견을 따르는 게 우리 나르인들의 예의니까."

어느 틈에 왔는지 등 뒤에 쿵샤르가 서 있었다.

"시간은 1째깍을 주지. 지구식으로 하자면 30분 뒤가 되겠군. 그때 다시 와서 답을 확인하겠다. 달에 도착하기 전에 너희들을 어떻게 할지 결론을 내리고 싶으니까."

쿵샤르는 그렇게 말하고 사라졌다. 팡소로도 종종거리며 뒤따랐다.

나대용과 홍순용 여사는 곧바로 남아 있는 문제를 확인해 보았다. 그러자 2개의 문제가 더 떠올랐다.

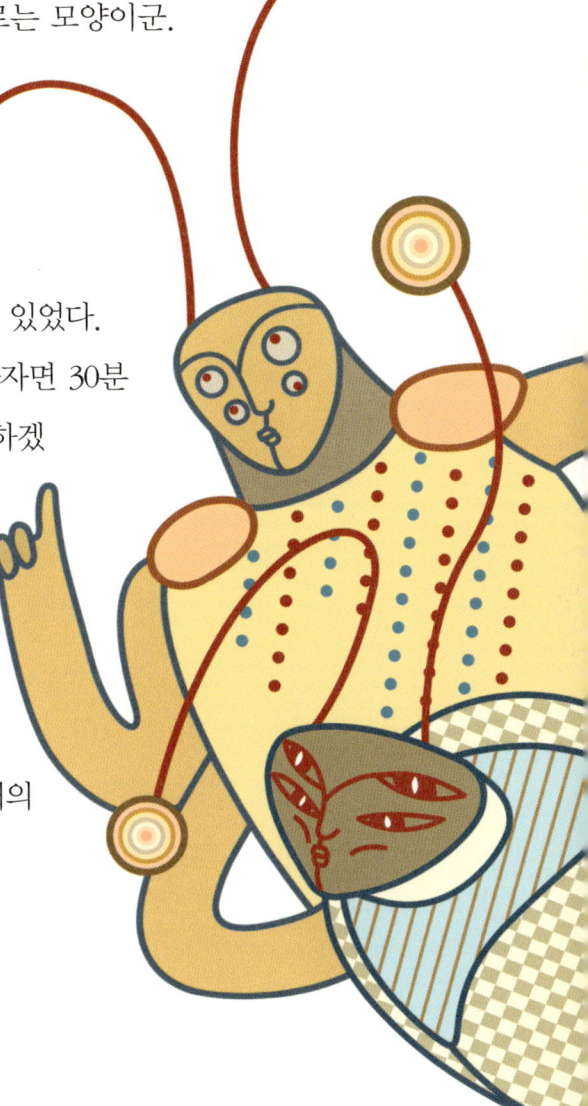

'노랑별 행성계에는 행성 이외에 또 무엇이 있나?'

'노랑별에서 가장 먼 행성까지의 거리는 얼마나 되나?'

"가장 먼 행성까지의 거리가 얼마냐고? 할머니 알아?"

나대용이 걱정스런 얼굴로 물었다.

"할미는 모르겄다."

"그럼 어떡해? 우리 죽는 거야?"

나대용은 울상이 되었다.

"그러면 안 되지. 암만, 무슨 수를 내야지. 우선 아는 것부터 답을 해 보자. 본디 시험을 볼 때는 쉬운 문제부터 푸는 것이여."

홍순용 여사는 애써 불안한 마음을 감추고 나대용을 달랬다.

"그럼 첫 번째 문제부터 풀자, 할머니. 그건 나도 알 것 같아."

"지구처럼 태양을 도는 행성은 몇 개인가, 이거?"

홍순용 여사가 다시 첫 번째 문제를 떠올리며 말했다.

"응, 답은 '수금지화목토천해', 8개야."

나대용은 손가락을 꼽아 가며 헤아리더니 말했다.

"그게 뭐냐?"

"아이, 할머니는. 태양 주위를 도는 행성 이름이잖아. 수성, 금성, 지구, 화성, 목성, 토성, 천왕성, 해왕성. 그러니까 8개지."

나대용은 홍순용 여사의 손가락을 하나씩 접어 가며 말했다.

"명왕성도 있잖어? 그러니께 9개네."

홍순용 여사가 그제야 알겠다는 듯 덧붙였다.

"아니야, 할머니. 명왕성은 옛날엔 행성이었는데 이젠 아니래. 과학자들이 무슨 회의에서 그렇게 하기로 했다고 책에서 읽었는걸."

"그랴? 아이고, 우리 손자가 이제 이 할미보다 더 유식허네. 그럼 첫 번째 문제는 되었고, 두 번째 문제로 넘어가 볼까?"

"태양계에는 행성 이외에 또 무엇이 있나?"

나대용은 머릿속에 있던 두 번째 문제를 소리 내어 말했다.

"뭐가 있지, 할머니?"

"아, 뭐가 있긴 달이 있지. 지구를 도는 달 말이여. 그러니께 위성이 답이네."

"맞아, 그리고 태양도 있어. 또 다른 건 없나?"

"또? 또…… 명왕성이 있네. 명왕성은 이제 행성이 아니라며? 그럼 이제 뭐냐?"

"정말, 뭐지?"

나대용은 인상을 써 가며 무언가 기억해 내려고 노력했지만 더 이상은 아무것도 생각나지 않았다.

"할머니, 이제 우리 어떡해?"

나대용은 또다시 울상이 되었다. 나대용과 홍순용 여사는 문제 푸는 걸 포기하고 대신 어떻게 하면 살아남을 수 있을지 궁리하기 시작했다. 나대용은 배낭에서 책을 꺼냈다. 《외계인을 만난 사람들》. 나대용과 홍순용 여사가 납치되기 직전에 빌린 책이었다.

"외계인을 만난 사람 중에는 우리처럼 테스트를 당한 사람도 분명히 있을 거야."

나대용은 책을 뒤적이며 말했다. 하지만 그 책에는 문어처럼 생긴 외계인을 멀리서 보았다거나 해골처럼 생긴 화성인에게 납치되었다 풀려났다는 사람은 있어도 테스트를 당했다는 사람은 없었다.

"치, 순 엉터리야!"

나대용은 화가 나서 소리쳤다. 그러자 누군가의 목소리가 들렸다.

"그렇지? 내 생각도 그래."

분명 책에서 나는 소리였다. 나대용과 홍순용 여사는 거의 동시에 책 쪽으로 눈을 돌렸다. 그리고 펼쳐진 책갈피에서 꼬물거리는 시커먼 벌레 한 마리를 발견했다.

"서, 설마, 지금 말을 한 게 너니?"

나대용은 눈을 동그랗게 뜨고 물었다.

"그럼 나 말고 또 누구겠어? 안녕, 난 '나비'라고 해."

벌레가 대답했다. 하지만 아무리 봐도 그건 나비로는 보이지 않았다.

"뭐? 네가 나비라고? 내 눈에는 바퀴벌레로 보이는데?"

나대용이 말했다.

"누가 아니래? 난 다만 내 이름이 '나비'라고 소개했을 뿐이야. 바퀴벌레라고 이름을 갖지 말란 법은 없잖아?"

바퀴벌레가, 아니 나비가 말했다. 나비가 말하는 걸 잠자코 지켜보던 홍순용 여사는 그래도 믿기지 않는 듯 중얼거렸다.

"내 평생 말하는 바퀴벌레가 있다는 소리는 들어 본 적이 없구먼……."

"호호, 그럴 거야. 대부분의 내 친구들은 기껏해야 냄새나 풍기면서 의사소통을 하니까. 하지만 난 태어났을 때부터 달랐어. 말을 할 줄 알았지. 게다가 인간의 말은 물론이고 온갖 동물들의 말도 다 알아듣고 말야. 아무도 내 말을 알아듣지 못하는 게 문제였지만."

나비가 말했다.

도서관에 살고 있던 나비는 《외계인을 만난 사람들》을 읽다가 나대용이 그 책을 빌리는 바람에 여기까지 오게 된 것이다. 나비는 쿵샤르의 우주선에 탑승하게 된 것을 매우 기쁘게 생각하는 것 같았다.

"내가 왜 이름을 나비라고 지었는지 알아? 나비가 예쁜 날개를 팔랑대며 날아다니는 게 부러워서야. 그런데 정말 꿈이 이루어졌어. 이렇게 우주를 날게 되다니! 게다가 내 말을 알아듣는 인간을 만나다니, 이건 정말 행운이야!"

그런데 그것은 나대용과 홍순용 여사에게도 엄청난 행운이었다.

"명왕성은 이제 행성이 아니라 왜행성이야. 태양 주위를 돌고, 행성처럼 공 모양이긴 하지만 크기가 작은 천체를 왜행성이라고 하지. 화성과 목성 사이에 있는 케레스, 그리고 해왕성보다 멀리 있는 명왕성, 하우메아, 마케마케, 에리스가 왜행성이야."

나비의 말에 홍순용 여사와 나대용의 얼굴이 환하게 밝아졌다.

"와, 너 대단하다. 어떻게 그걸 다 알아?"

"그야 도서관 책에 다 나와 있는걸."

나비는 대수롭지 않다는 듯 대꾸하고는, 태양계에 행성과 위성, 왜행성 말고도 많은 소행성과 혜성, 그리고 행성 간 물질 등이 있다고 알려 주었다.

"혹시 너, 태양에서 가장 먼 행성까지의 거리도 알고 있니?"

나대용이 다급하게 물었다. 나비는 거침없이 종알종알 대답했다.

"태양에서 가장 먼 행성이라면 해왕성 말이야? 태양에서 해왕성까지는 30AU 정도 돼. AU(에이유)가 뭔지는 알지? 지구에서 태양까지의 거리가 1AU잖아. 1AU가 거의 1억 5000만 km니까 태양에서 해왕성까지는 45억 km쯤 돼."

"고마워, 살았어. 네 덕분에 우린 살았어!"

나대용은 손뼉을 치며 좋아했다.

"우리 은인이네, 은인이여!"

홍순용 여사도 감격에 겨워 소리쳤다.

"그럼 나를 계속 숨겨 주는 거지?"

나비가 물었다.

"무슨 소리야? 숨긴 왜 숨어. 우리랑 함께 태양계를 탐사해야지."

나대용이 펄쩍 뛰었다. 그러자 나비가 말했다.

"나도 그러고 싶어. 하지만 지구인들은 만날 우리만 보면 죽이려고 들잖아. 외계인들이라고 뭐 다르겠어? 게다가 내가 테스트를 도와주었다는 걸 알면 너희도 위험해질지 몰라."

"허긴 그 말도 일리가 있구먼. 일단은 조심허는 게 좋겄다."

홍순용 여사는 미안한 표정을 지으며 말했다.

"대신 어딜 가든 배낭을 메고 다닐게. 그럼 너도 함께 가는 거잖아."

나대용이 말했다.

"좋아, 그럼 나는 다시 내 자리로."

나비는 책등 쪽으로 기어갔다. 나대용은 서둘러 책을 집어넣고 배낭을 둘러멨다. 어느새 쿵샤르가 정한 시간이 다 되었던 것이다.

다행히 쿵샤르는 나대용과 홍순용 여사의 대답에 만족했다.

"흠, 이 정도면 제대로 된 태양계 탐사 계획을 세울 수 있겠군. 좋아, 일단은 살려 두기로 하지. 해부는 언제라도 할 수 있으니까."

태양계에 관한 간추린 보고서 - 6873아뜨 393나르

지구인들이 탐사에 도움이 될지 알아보기 위해 몇 가지 문제를 내고 테스트를 했다. 지구인들은 태양계에 관해 꽤 많은 걸 알고 있었다. 덕분에 우리는 탐사에 필요한 몇 가지 중요한 정보를 얻었다. 그 정보를 바탕으로 기묘박사는 대략적인 태양계 지도를 완성했다. 나는 '태양계에 관한 1차 보고서'를 작성하여 나르 행성 우주 본부로 전송했다.

〈태양계에 관한 1차 보고서〉

현재 우리는 노랑별 행성계를 탐사 중이다. 지구인들에 따르면 노랑별의 이름은 '태양'이다. 따라서 앞으로는 노랑별 행성계를 '태양계'라고 부르겠다.

태양계는 태양이라는 항성(별)을 중심으로 그 둘레를 도는 여러 천체들로 이루어져 있는데, 태양계를 이루고 있는 천체들은 다음과 같다.

태양 태양계의 중심이자 태양계에서 유일하게 스스로 빛을 내는 항성이다. 태양계에 있는 천체들 중에서 가장 크다.

행성 일정한 궤도를 그리면서 항성 둘레를 도는 천체. 태양계에는 지구를 포함해 모두 8개의 행성이 있다. 각 행성의 이름은 태양에서 가까운 순으로 수성, 금성, 지구, 화성, 목성, 토성, 천왕성, 해왕성이다.

위성 행성 둘레를 도는 천체. 행성 중에는 위성이 없는 행성도 있고, 지구처럼 위성이 1개인 행성도 있고, 위성이 매우 많은 행성도 있다.

왜행성 태양 둘레를 돌고, 행성처럼 공 모양이긴 하지만 행성보다 크기가 작다. (주위에 있는 천체를 끌어들일 만큼 중력이 충분히 크지 않아 비교적 가까운 거리에 비슷한 천체들이 여럿 있다.) 지금까지 발견된 왜행성에는 케레스, 명왕성, 하우메아, 마케마케, 에리스가 있다.

소행성 왜행성보다 크기가 작은 천체들. 공 모양에 가까운 것도 있지만 납작하거나 울퉁불퉁 제멋대로 생긴 것이 많다. 태양계에는 100만 개도 넘는 소행성이 있다고 한다.

혜성 주로 얼음과 암석 덩어리로 이루어진 천체. 태양을 중심으로 긴 타원이나 포물선 궤도를 그리며, 태양에 가까워지면 얼음이 증발하면서 기다란 꼬리가 나타난다.
행성 간 물질 천체와 천체 사이에 있는 먼지나 가스.

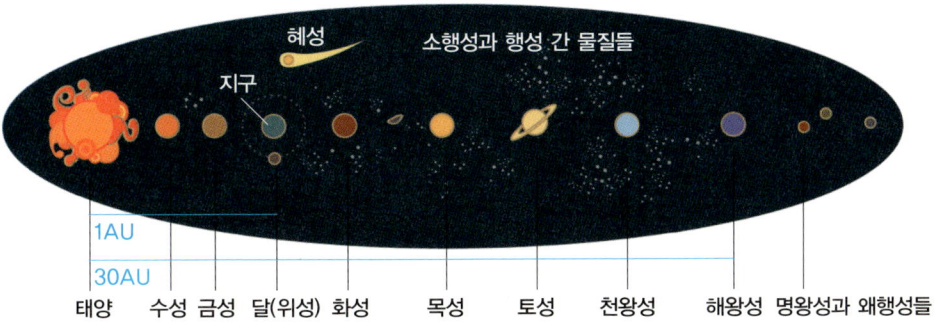

태양에서 가장 먼 행성인 해왕성까지의 거리는 약 45억 km로 태양에서 지구까지의 거리인 1AU의 30배이다.

기묘박사가 완성한 대략적인 태양계 지도를 참고하여 탐사 계획을 세웠다. 우리는 먼저 지구의 위성인 달에 들렀다가 태양으로 날아갈 것이다. 그리고 태양에서 가까운 행성부터 차례대로 탐사를 진행할 예정이다.

— 기묘박사호, 쿵샤르 대장으로부터

▶지구인들은 꽤 쓸모 있어 보인다. 따라서 우리는 당분간 지구인들을 해부하지 않고 태양계 탐사에 이용하기로 했다. 해부를 하지 않아도 된다니, 정말 다행이다!
▶앗, 깜빡하고 지구인들의 시력을 체크하지 않았다. 달 도착 전에 꼭 확인할 것!

궁금해! 궁금해!

코페르니쿠스가 누굴까?

우리 할머니는 지구가 스스로 돈다고 생각하셨던 홍대용 할아버지가 조선의 '코페르니쿠스'래. 그런데 코페르니쿠스가 누굴까? 코페르니쿠스는 500여 년 전에 살았던 폴란드의 천문학자인데, 태양계에 있는 모든 행성이 태양을 중심으로 그 둘레를 돌고 있다고 주장했대. 그게 뭐 그렇게 대단하냐고? 잘 들어 봐.

코페르니쿠스가 그런 주장을 하기 전까지 사람들은 지구를 중심으로 하늘에 떠 있는 천체들이 움직인다고 생각했어. 왜냐하면 지구에서 보면 땅은 가만히 있고 해와 달과 별이 움직이는 것처럼 보이니까. 그래서 2000여 년 전 프톨레마이오스라는 그리스의 천문학자는 '지구 중심설'을 주장했어. 지구 중심설은 지구가 우주의 중심이고, 태양은 물론 다른 별과 행성들도 모두 지구 둘레를 돈다는 생각이야. 지구 중심설을 '하늘이 움직인다'라는 뜻으로 '천동설'이라고 부르기도 해. 1400년 동안 사람들은 지구 중심설을 믿었지.

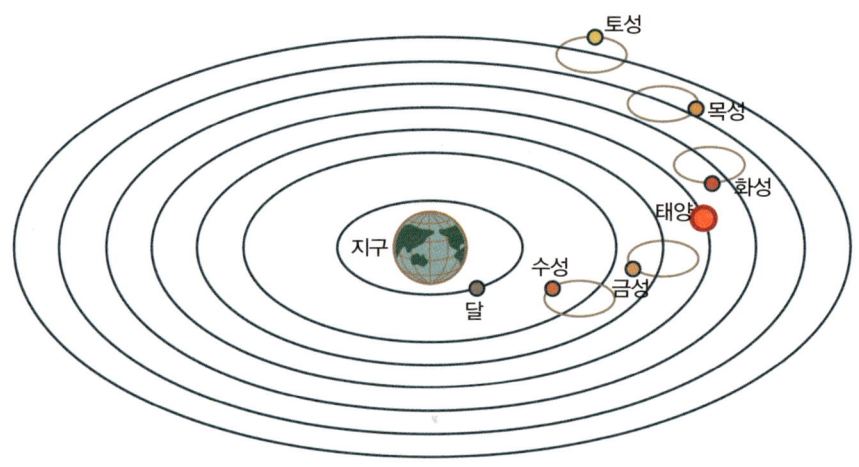

지구 중심설

그런데 16세기에 코페르니쿠스가 정반대의 주장을 한 거야. 우주의 중심은 지구가 아니라 태양이고, 태양이 지구 주위를 도는 게 아니라 지구가 태양 주위를 돌고 있다고. 그래서 코페르니쿠스의 주장을 '태양 중심설'(또는 '지동설')이라고 부르지.

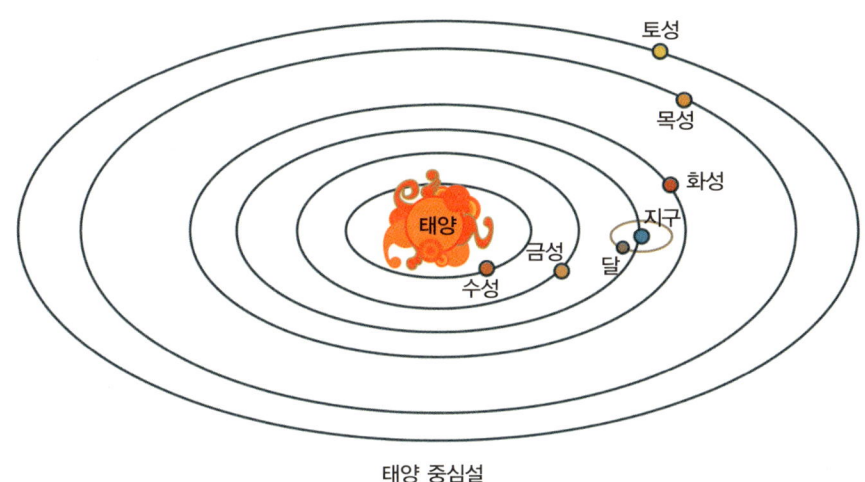

태양 중심설

처음에 사람들은 코페르니쿠스의 주장이 정신 나간 소리라고 생각했어. 사람들은 지구와 함께 돌고 있기 때문에 지구가 도는 걸 느끼지 못하는 데다 오랫동안 지구 중심설이 진리라고 믿어 왔으니까. 하지만 지구에서 볼 때 별과 행성들이 움직이는 모습을 태양 중심설이 잘 설명해 주었기 때문에 점차 태양 중심설이 받아들여지게 되었지.

코페르니쿠스의 태양 중심설은 사람들의 생각을 완전히 뒤바꾸는 엄청난 변화를 가져왔기 때문에, 요즘도 어떤 일이나 생각이 크게 바뀌는 것을 '코페르니쿠스적 전환'이라고 한단다.

제3장
토끼 대신 '루노호트'

팡소로는 기묘박사의 구조와 기묘박사 안에서 생활할 때 주의할 점을 나대용과 홍순용 여사의 뇌에 입력했다.

"노란 방이 어디에 있는지 잘 봐 둬. 앞으로 너희가 지낼 곳이니까. 주의 사항도 잘 지켜야 해."

팡소로가 말했다.

'허락 없이 기묘박사 안을 돌아다니지 말 것.'

'어떤 스위치도 손대지 말 것.'

'물을 아껴 쓸 것. 세수는 하루에 한 번만! 샤워는 금지!'

"치, 세 번째 것만 마음에 드네. 그런데 밥은 언제 먹어?"

나대용이 물었다. 기묘박사의 구조도에서 식당을 보자 갑자기 배가 고파진 것이다. 홍순용 여사도 배에서 꼬르륵 소리가 났다.

"따라와!"

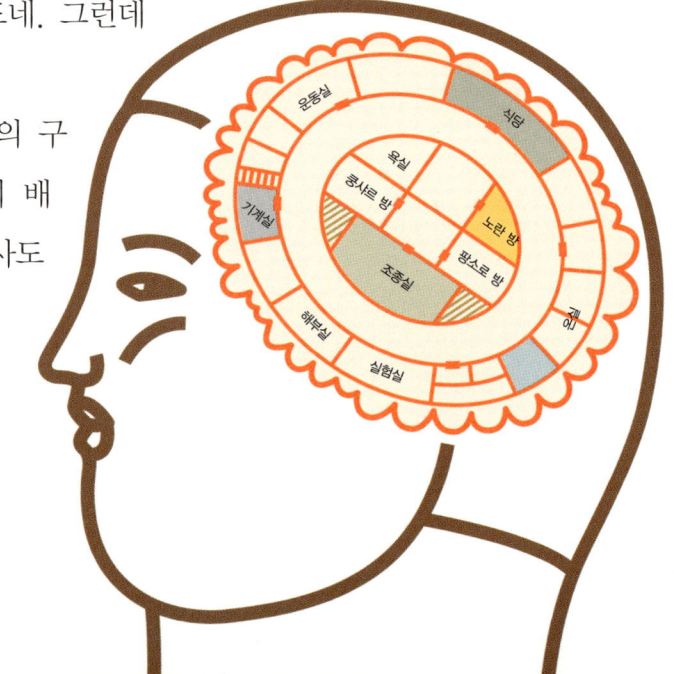

팡소로가 말했다. 하지만 팡소로가 데려간 곳은 식당이 아니라 조종실이었다. 쿵샤르는 커다란 화면과 창으로 달을 보면서 기묘박사와 이야기를 나누고 있었다.

"저게 지구의 위성, '달'이란 말이지? 지구에서 달까지 거리가 얼마라고 했지?"

"지잉, 약 38만 4400km입니다."

"흠, 그 정도면 우주에서는 꽤 가까운 거리인데 달은 지구와 아주 달라 보인단 말이야. 지구는 파랗고 알록달록한데 달은 흑백 사진처럼 칙칙해. 게다가 움푹움푹 파인 저건 또 뭐람."

"지구인들을 데려왔습니다."

팡소로의 말에 쿵샤르는 나대용과 홍순용 여사 쪽으로 고개를 돌렸다.

"기다리고 있었다. 너희가 쓸모 있다는 걸 또 한 번 증명할 수 있는 기회를 주마. 대답을 잘하면 그만큼 너희 목숨이 길어지겠지."

쿵샤르가 말했다.

"뭐라고요? 테스트를 통과하면 살려 주겠다고 하더니 치사하게 또 테스트를 한다고요? 배고파 죽겠는데 밥도 안 주고."

나대용이 투덜거렸다.

"아, 일을 시켜도 먹여 가며 시켜야지."

홍순용 여사도 한마디 했다.

"으흠, 그런가? 하지만 너희 안전을 위해서도 우리에게 협조하는 게 좋아. 어차피 네가 제일 먼저 달에 내려야 하니까. 대답을 들은 뒤 먹을 걸 주지."

쿵샤르가 나대용을 보며 말했다.

"내가 달에 내린다고요? 할머니, 내가 닐 암스트롱처럼 달에 내린대!"

나대용은 기대와 두려움이 뒤섞인 얼굴로 홍순용 여사를 쳐다보았다.

"자, 먼저 저 움푹 파인 것이 뭔지 말해 봐."

쿵샤르가 말했다.

"저건 크레이터예요. 달에 운석이 떨어져서 생긴 구덩이죠. 달에는 대기가 없어서 크레이터가 많은 거래요."

나대용이 대답했다.

"달에 대기가 없다고? 그건 아주 안 좋은 소식이군."

쿵샤르는 적잖이 실망한 표정이었다.

"그럼 달에 사는 생명체들은 어떻게 숨을 쉬지?"

쿵샤르가 다시 물었다.

"달에는 생명체가 없는걸요."

나대용은 어깨를 으쓱하며 말했다.

"거짓말! 우린 전에 너희들이 달을 보며 하는 말을 들었다고. 달에 토낀가 뭔가 하는 생명체가 있다며."

팡소로의 말에 나대용은 그만 웃음을 터뜨렸다.

"토끼? 푸하하하!"

"방아 찧는 달 토끼 말이여? 그건 기냥 옛날 사람들이 맹글어 낸 얘기여. 저기 달에 검은 거 보이지? 지구에서 저걸 보고 누구는 토끼라고 하고, 누구는 두꺼비라고 하고, 이야기를 지어낸 거여. 코쟁이들은 물 긷는 사람이라고도 한다드만."

홍순용 여사가 이야기했다.

"뭐라고? 그럼 지구에서 달을 자세히 본 게 아니었어?"

"지잉 쿡, 그것 보십시오. 생명체가 저보다 시력이 더 뛰어날 수는 없다니까요."

팡소로의 말에 기묘박사가 뽐내듯 말했다.

"좋아, 그만하면 됐어. 생명체가 없다면 아무 곳에나 착륙해도 되겠군. 나머지는 달에 가서 알아보도록 하지."

쿵샤르가 말했다.

나대용과 홍순용 여사는 그제야 음식을 먹을 수 있었다. 다행히 식당에는 여러 가지 마실 것과 군것질거리가 가득했다. 나대용은 과자와 젤리를 실컷 먹었다. 홍순용 여사는 가지각색의 말린 열매로 배를 채웠다. 나대용은 팡소로의 눈을 피해 나비가 먹을 비스킷 하나를 배낭 속으로 얼른 집어넣었다.

"지잉, 20반짝 후 달에 착륙합니다!"

이윽고 기묘박사가 알려 왔다.

나대용은 심장이 튀어나올 만큼 가슴이 두근거렸다. 홍순용 여사가 나대용의 손을 꼭 잡았다. 20초 후, 기묘박사는 큰 충격 없이 달 표면에 안전하게 착륙했다.

"지잉, 착륙 완료했습니다. 현재 달 표면 온도는 110℃입니다."

기묘박사가 말했다.

"팡소로, 지구인 꼬마에게 우주복을 입혀서 달로 내려 보내. 지구인이 안전한지 확인한 뒤 따라 내리도록! 나는 기묘박사를 타고 이동한다."
 쿵샤르가 말했다.
 우주복은 나르인의 몸에 맞게 만들어졌기 때문에 여러모로 불편했다. 우선 소매가 양쪽에 하나씩 남아 옆구리 쪽에서 덜렁댔다. 머리 위에 더듬이를 넣도록 만든 주머니는 힘없이 꺾여 자꾸만 눈을 가렸다. 팡소로는 더듬이 주머니 2개를 서로 묶어 뒤쪽으로 넘겨 주었다. 마침내 우주복 입기가 끝나자 팡소로가 말했다.
 "이제 네가 보고 만지는 게 모두 기묘박사한테 전달될 거야. 요 가슴에 있는 빨간 단추는 통신용이니까 말을 할 때는 이걸 누르도록 해."
 "아이고, 대용아. 그저 조심혀라. 이 할미가 같이 가야 허는디……."
 홍순용 여사는 우주복을 입은 나대용을 보자 끌어안고 눈물을 흘렸다.
 "걱정 마, 할머니. 나 잘 다녀올게."
 나대용은 씩씩하게 말했다.
 기묘박사는 순식간에 나대용을 달에 내려놓았다. 나대용은 다리에 힘을 주고 서서 천천히 한쪽 발을 내디뎠다. 그러자 달 표면에 선명하게 발자국이 찍혔다.
 "내가 달 위를 걷고 있어!"
 나대용은 나비가 들을 수 있도록 소리 내어 말했다.

"네 발자국은 영원히 달에 남을 거야. 달에는 바람이 불지 않기 때문에 달 표면에 한 번 찍힌 자국은 영원히 사라지지 않거든. 넌 좋겠다."
나비가 말했다.
"그거 영광인데. 좋았어! 이번에는 높이뛰기다."
나대용은 두 발을 모아 폴짝 뛰어올랐다. 지구에서보다 몸이 훨씬 가볍게 느껴져 생각보다 높이 뛸 수 있었다.
"야호! 난 높이뛰기 선수다!"
"흥, 혼자서 뭐라고 그러는 거야? 야, 단추 누르고 말해!"
지켜보던 팡소로가 소리쳤다. 하지만 나대용은 높이뛰기에 정신이 팔려 대꾸도 하지 않았다. 팡소로는 나대용이 무사한 걸 보더니 더 이상 호기심을 참지 못하고 달로 내려갔다.

"이거 정말 신나는데?"
팡소로도 나대용을 따라 폴짝폴짝 뛰었다. 그러다가 그만 엉덩방아를 찧고 말았다.
"아이코!"
팡소로는 일어나려고 애썼지만 우주복 때문에 몸이 둔해서 뜻대로 되지 않았다.

나대용이 내민 손을 붙잡고서야 겨우 일어난 팡소로의 우주복에는 잿빛의 고운 가루가 묻어 있었다.
"저게 달의 흙인가? 지구의 흙과는 아주 달라 보이는군."
쿵샤르가 말했다.
"지잉, 달의 흙은 암석 가루입니다. 달은 대기가 없기 때문에 낮과 밤의 온도 차이가 매우 큽니다. 암석이 얼었다가 데워졌다가 하면서 약해지고 부서져서 가루가 된 것으로 보입니다."
기묘박사가 말했다.

나대용과 팡소로는 달을 좀 더 살펴보기 위해 이동했다. 곤충 로봇처럼 모습을 바꾼 기묘박사가 둘을 뒤따랐다. 바람도 없고 소리도 없는 달 표면은 너무나 고요했다. 게다가 햇빛을 흩어지게 해 줄 대기가 없어서 낮인데도 하늘이 캄캄했다. 팡소로는 걸어가면서 자꾸만 나대용 곁으로 다가왔다. 그러다 둘은 동시에 비명을 지르며 서로를 끌어안았다.

"꺄악!"

"엄마야!"

저만치 앞에 정체를 알 수 없는 검은 물체가 우뚝 서 있었다.

"저건 뭐야? 달에는 아무도 살지 않는다며?"

팡소로가 소리쳤다.

"지잉, 길이 230cm, 높이 150cm, 바퀴 8개. 생명체는 아닙니다."

기묘박사가 나대용과 팡소로를 안심시켰다.

"루노호트! 기묘박사의 말이 맞다면 네가 보고 있는 건 1970년에 소련이 달에 보낸 탐사 로봇, 루노호트야."

배낭 속에서 나비가 속삭였다. 나대용은 그제야 팡소로와 떨어져서 그 정체불명의 물체 쪽으로 다가갔다. 팡소로도 슬금슬금 따라왔다.

"이건 1970년에 지구에서 보낸 달 탐사 로봇이야."

나대용이 루노호트를 보며 말했다.

"정말이지? 휴, 난 또 달에 사는 괴물인 줄 알았잖아. 가까이에서 보니까 귀엽게 생겼네. 수십 년 동안 혼자 있었다니, 아무리 로봇이라도 심심했겠다. 내가 놀아 줄까?"

팡소로는 어느새 루노호트를 타고 오르락내리락하며 장난을 쳤다.

"지잉, 바퀴 자국이 37km에 걸쳐 있습니다."

기묘박사가 루노호트의 바퀴 아래에 난 긴 바퀴 자국을 화면에 비추며 말했다.

"그렇다면 저건 루노호트 1호 다음으로 3년 뒤에 보내진 루노호트 2호고, 여기는 '맑음의 바다' 근처예요. 루노호트 2호는 지금까지 지구에서 보낸 달 탐사 로봇 중 가장 먼 거리를 다니며 탐사했거든요."

나대용이 나비의 말을 전했다.

"무슨 소리야? 물 한 방울 없는데 어디가 바다라는 거야? 너 어떻게 된 거 아니니?"

루노호트 위에서 사방을 둘러보며 팡소로가 물었다.

"아니, 맞아. 달의 바다는 물이 출렁대는 바다가 아니야. 커다란 운석이 떨어져서 생긴 구덩이에 용암이 흘러들어 평평하게 굳은 곳이야. 지구에서 보면 이곳이 평평하고 어둡게 보여서 바다인 줄 알고 그렇게 부르게 된 거지."

나대용은 나비가 일러 주는 대로 이야기했다.

"쳇, 어리석은 지구인들 같으니라고! 멀쩡한 땅을 토끼라고 하질 않나 바다라고 하질 않나."

팡소로가 투덜거렸다.

"바다는 바다인데 물이 없는 바다라니……."

쿵샤르도 중얼거렸다.

"지잉, 쿵샤르 님, 달은 나르인들의 새 보금자리로 적합하지 않습니다. 바다도 없고 대기도 없고, 온도 변화도 너무 큽니다. 나르인들이 아무리 추위와 더위에 강하다고 해도 이렇게 급격한 온도 변화는 견디기 힘듭니다. 게다가 달은 너무 위험합니다. 운석 충돌로 생긴 저 구덩이들을 보십시오."

기묘박사가 말했다.

"기묘박사 말이 맞아. 하지만 우주에서 위험하지 않은 곳이 있을까? 일단 달에 대한 정보는 하나도 빠짐없이 저장해 두도록! 팡소로, 이제 그만 지구인을 데리고 기묘박사로 돌아와!"

쿵샤르는 담담한 목소리로 명령을 내렸다.

나대용과 팡소로는 또다시 혼자 남게 될 루노호트 2호를 향해 손을 흔들었다.

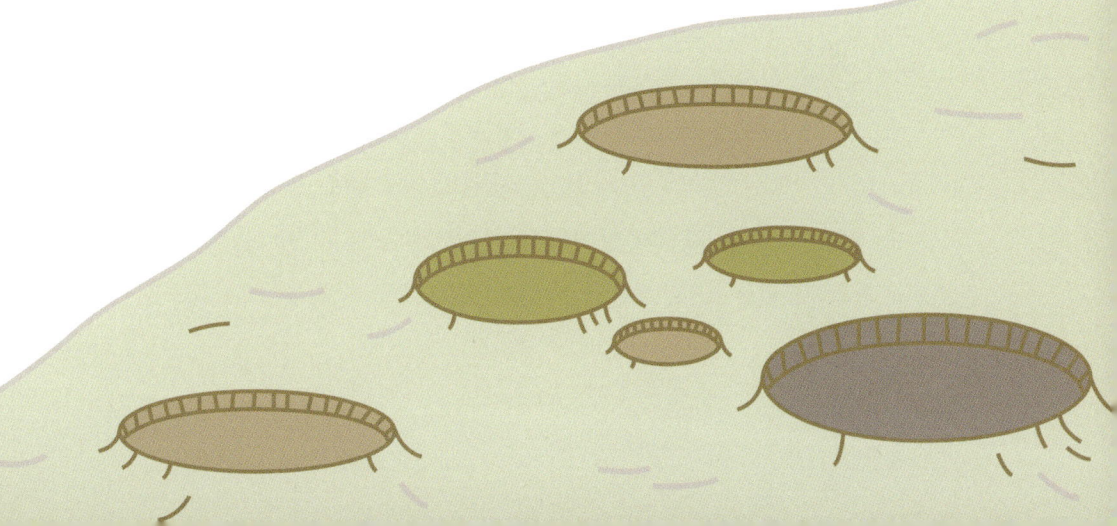

쿵샤르의 태양계 탐사 일지

곰보투성이 위성, 달 - 6873아뜨 394나르

지구의 위성인 달은 지구에서 보던 것과는 전혀 다른 모습이었다. 처음에는 은은하게 빛나는 달이 제법 아름답다고 생각했는데, 기묘박사가 가까이 다가갈수록 달의 모습은 점점 흉해졌다. 달 표면 곳곳에는 움푹움푹 파인 구덩이가 있었으며 색깔마저 창백해서 으스스한 기분이 들었다. 결론적으로 말하면 달은 나르인이 이주하기에 적합한 천체는 아니다. 하지만 만약을 위해 달에 관한 정보를 정리해 둔다.

달은 지구 둘레를 돌고 있는 단 하나의 위성으로, 지구와의 거리는 약 38만 4400km이다.

크기와 모양 지름은 약 3475km. 지구 지름의 1/4 정도이다.

우주에서 달을 보면 약간 밝은 부분과 어두운 부분이 있다. 지구인들은 밝은 부분을 '달의 육지', 어두운 부분을 '달의 바다'라고 부른다. 하지만 이름에 속아선 안 된다. 달의 바다는 단지 천체들이 떨어져 움푹 파인 곳에 용암이 흘러들어 평평하게 굳은 곳일 뿐, 물은 없다. 달의 육지는 달의 바다보다 높은 지역이다.

달 표면 곳곳에는 움푹움푹 파인 구덩이가 있다. 지구인들은 이 구덩이를 '크레이터'라고 하는데, 운석이 떨어지거나 화산이 폭발하여 생긴 것으로 보인다.

대기 달에는 대기가 없다. 따라서 바람도 없고 비도 내리지 않기 때문에 크레이터든 발자국이든 달 표면에 한 번 자국이 생기면 오랜 시간이 흘러도 없어지지 않는다.

온도 낮 평균 107℃, 밤 평균 영하 153℃ 정도(가장 높을 때 123℃, 가장 낮을 때는 영하 233℃)로 온도 변화가 매우 크다.

자전과 공전 신기하게도 달이 자전하는 데 걸리는 시간과 지구 둘레를 공전하는 데 걸리는 시간은 모두 약 54나르 반(지구 시간으로 27일 7시간 43분)으로 같다. 때문에 지구에서는 달의 한쪽 면밖에 볼 수 없다고 한다.

달의 중력 달이 끌어당기는 힘은 지구 중력의 1/6 정도이다.

생명체 달에는 생명체가 살지 않는다. 오래전 지구인들은 달에 생명체가 살고 있다고 믿었다고 한다. 지구에서 볼 때 '달의 바다'의 검은 무늬가 토끼나 지구인의 모습을 닮았기 때문이라나.

▶지구인들은 오래전부터 우주선을 보내 달을 탐사했으며, 1969년에는 처음으로 달에 착륙하여 달 표면을 걸었다. 우리는 지구인들이 달에 보냈던 탐사 로봇을 만나기도 했다. 지구인들은 달이 생명체가 살기에 좋은 곳이 아니라는 걸 알면서도 더 먼 우주를 탐험하기 위해, 또 달에 있는 자원을 이용하기 위해 계속해서 달에 관심을 갖고 있다. 수십 년 내에 달에 기지를 건설하고 도시를 세울 계획이라는 이야기도 들었다. 그때 다시 온다면 그때는 나도 달에 내려 봐야지.

▶지구인들은 달에 물이 있다는 증거를 발견했다고 한다. 달의 흙을 꼭 짜면 꽤 많은 물을 얻을 수 있다는 것이다. 지구인 꼬마는 우리가 달에서 5000만 km나 떨어진 뒤에야 이 사실을 털어놓았다. 그제야 생각이 났다나? 흥! 달에 다시 가서 더 꼼꼼하게 조사를 해야 할까? 고민, 고민.

지구에서 보면 왜 달의 모양이 변할까?

우주에서 보면 달은 보름달처럼 늘 둥근 모양이야. 커졌다 작아졌다 하면서 모양이 변하는 일 같은 건 없지. 하지만 지구에서 보면 달은 초승달에서 반달로, 보름달로, 다시 반달로, 그믐달로 모양이 달라져. 왜 지구에서 보면 달의 모양이 달라질까?

우선 달이 스스로 빛을 내지 못한다는 사실을 기억해야 해. 지구에서 볼 때 달이 환하게 밝은 건 다 태양 덕분이지. 달 표면이 태양 빛을 받아 반사하기 때문에 빛나 보이는 거니까.

그런데 달은 가만히 있지 않고 지구 주위를 돌고 있어. 이게 달의 모양이 달라 보이는 결정적인 이유야. 아래 그림과 같이 달이 지구를 사이에 두고 태양의 반대쪽에 있으면 둥근 보름달이 보이지만, 다른 위치에서는 태양 빛을 받지 못하는 어두운 부분이 생기기 때문에 모양이 달라 보이지.

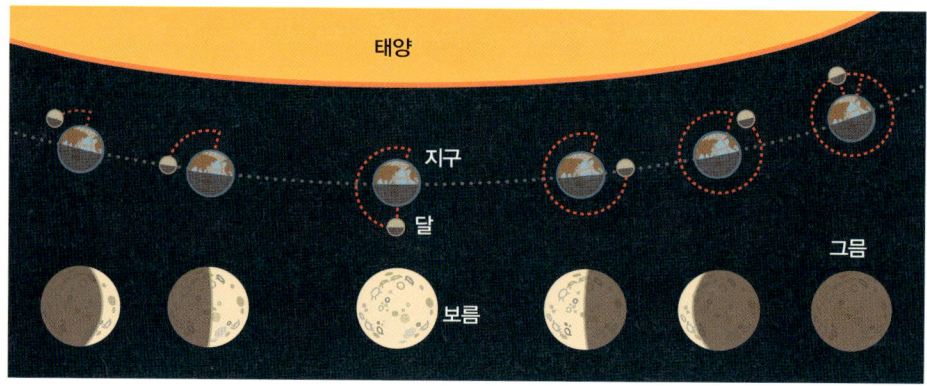

그런데 가끔 보름달이 지구의 그림자에 가려서 보이지 않을 때가 있어. 이걸 '월식'이라고 하는데, 달이 정확하게 지구와 같은 높이로 지날 때 월식이 일어나지. 그런가 하면 그믐일 때 달이 태양과 같은 높이로 지나면 달의 그림자가 태양 빛을 가려서 '일식'이 돼. 일식이 일어나면 태양 대신 검은 달만 보여서 대낮인데도 어둑어둑해지지. 일식이나 월식이 왜 일어나는지 몰랐던 옛날 사람들은 이런 현상을 매우

두려워했대. 하늘이 인간의 잘못을 경고하는 것으로 알고 몹시 겁을 내고 조심했다나 봐.

달이 뜨는 시각은 날마다 50분씩 늦어지는데, 이것도 달이 지구 주위를 돌기 때문이야. 지구가 자전하는 하루 동안, 달도 지구 둘레를 약간 돌지. 그래서 달이 움직인 만큼 지구가 더 자전해야(여기에 걸리는 시간이 바로 50분이야.) 어제와 같은 곳에서 달을 볼 수 있단다.

보름달이 뜬 날 달을 본 적 있어? 보름달은 처음에 동쪽 하늘에 떠서 시간이 지날수록 점차 남쪽 하늘을 지나 서쪽 하늘로 움직이는 것처럼 보여. 이건 왜 그럴까? 이건 실제로 달이 움직이는 게 아니라 지구가 스스로 돌면서 자전하기 때문이야.

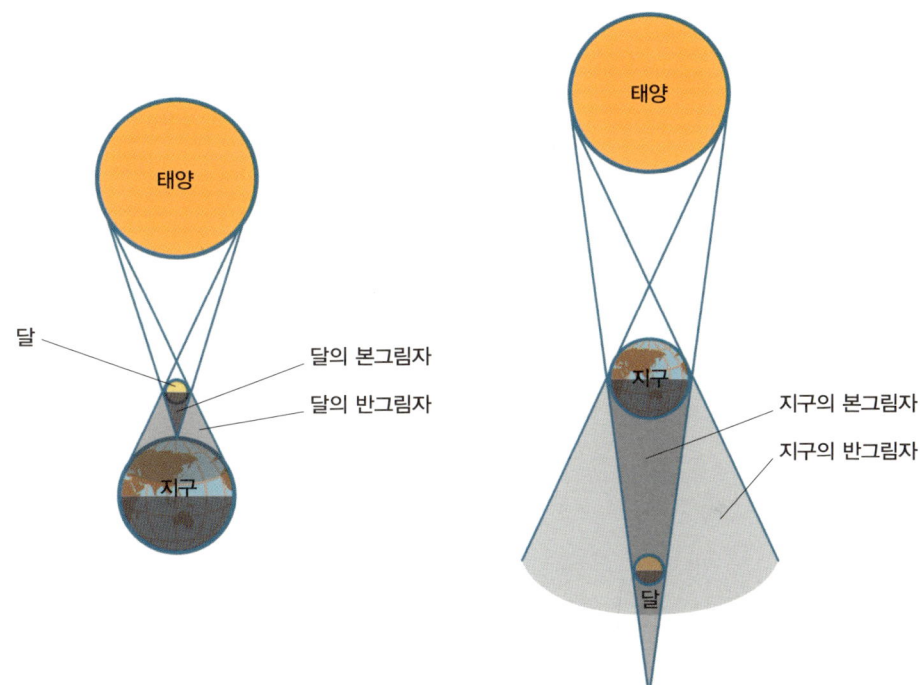

일식 태양, 달, 지구가 완벽하게 일직선을 이룰 때, 달의 본그림자 위치에서 보면 태양이 달에 완전히 가려진다. 반그림자 위치에서 보면 태양이 부분적으로 가려져 보인다

월식 태양, 지구, 달이 완벽하게 일직선을 이룰 때, 달 전체가 지구의 본그림자 속으로 들어가면 보름달이 완전히 가려진다. 그러나 일직선이 아닌 경우 지구의 본그림자가 달의 일부분만 가리게 된다.

제4장
오, 태양!
악, 태양!

나대용과 홍순용 여사는 오랜만에 편안한 마음으로 쉬고 있었다. 달에 함께 다녀온 뒤로 팡소로는 눈에 띄게 나대용에게 친절해졌다. 쿵샤르도 더 이상 테스트니 해부니 하는 말은 하지 않았다.

"나와도 돼."

나대용이 배낭을 열고 속삭이자 나비가 조르르 기어 나왔다.

"그동안 월매나 답답했냐."

홍순용 여사는 나비를 보며 안쓰러운 듯 말했다.

"그래도 재미있었어. 달에 내 발자국을 못 남긴 게 아쉽긴 하지만. 그런데 이제 어디로 간대?"

그때 팡소로가 음식을 잔뜩 들고 불쑥 들어왔다.

"야, 이것 좀 받아!"

나대용은 깜짝 놀라서 얼른 팡소로 앞으로 가 손을 내밀었다. 그사이에 나비는 재빨리 탁자 밑으로 기어 들어갔다.

"와, 맛있겠다. 우리 주려고 가져온 거야?"

나대용은 애써 웃으며 말했다.

"응, 태양을 탐사하려면 잘 먹어 둬야 할 것 같아서."

팡소로는 별일 아니라는 듯 말했지만 얼굴에는 들뜬 표정이 역력했다.

"뭐, 태양? 그럼 우리가 지금 태양으로 가고 있단 말이야?"

"딩동댕! 실은 나도 진짜로 별에 가 보는 건 이번이 처음이야. 반짝반짝 빛나는 별에 내리면 어떤 기분일까?"

"하지만 태양은 아주 뜨거워. 태양에 내리진 못할걸."

나비는 저도 모르게 소리 내어 말했다. 나대용과 홍순용 여사는 순간 당황하여 팡소로의 눈치를 살폈다.

"뭐라고? 크게 말해 봐!"

팡소로는 더듬이를 바짝 세웠을 뿐 별다른 의심은 하지 않았다.

"태양이 너무 뜨거워서 태양에 내리긴 어려울 거라고."

나대용이 말하자, 홍순용 여사도 거들었다.

"아무렴, 뙤약볕에 잠깐만 나돌아 댕겨도 살갗이 그슬리는디……."

"뭐야? 지금 우리 나르인들의 기술을 못 믿는 거야?"

팡소로는 금세 발끈했다.

그때 "삐삐삐 삐삐삐 삐이!" 하며 요란한 벨 소리가 울렸다.

"저건 기묘박사의 비상벨인데, 대체 무슨 일이지? 가 보자!"

팡소로는 깜짝 놀라 급히 방을 나섰다. 나대용과 홍순용 여사도 뒤따랐다. 혼자 남은 나비는 탁자 위로 기어오르며 중얼거렸다.

"혹시 태양 폭발 때문인가?"

나대용과 홍순용 여사는 팡소로를 따라 헐레벌떡 조종실로 달려갔다.

"기묘박사, 대체 무슨 일이지?"

먼저 도착한 쿵샤르가 기묘박사에게 물었다.

"지잉, 별일 아닙니다. 비상벨 작동 장치에 문제가 생겨 그냥 벨이 저절로 울렸을 뿐입니다. 비상벨 작동 장치는 수리했습니다."

"휴, 난 또 뭐라고. 괜히 달려왔잖아."

팡소로가 투덜댔다.
"다행이군. 하지만 왜 갑자기 비상벨 작동 장치가 문제를 일으켰지?"
쿵샤르가 다시 물었다.
"지잉, 전기를 띤 알갱이들이 갑자기 많이 몰려들어서 비상벨 작동 장치가 반응한 것 같습니다. 주변에 전기를 띤 알갱이가 왜 갑자기 많아졌는지는 아직 파악하지 못했습니다."
"알았다. 정확한 원인이 파악되면 다시 보고하도록. 그건 그렇고, 태양에 대한 기초 조사는 끝났나?"

"지잉, 네. 태양은 표면 온도가 약 6000℃, 지름은 지구의 109배입니다. 크기로 보나 온도로 보나 태양은 매우 평범한 별인 것 같습니다."

"무슨 소리예요? 태양이 평범하다니. 태양이 얼마나 크고 뜨거운데요. 지구도 태양이 없으면 금세 꽁꽁 얼어 버리고 말걸요."

"암만, 태양이 없으면 지구에 사는 생명체는 다 죽은 목숨이여. 태양이 없으면 식물이 자라지 못하고, 식물이 자라지 못하면 동물들도 먹이가 없으니께 죽은 목숨, 식물과 동물이 없으면 사람도 죽은 목숨이지. 오죽하면 옛날 사람들이 태양을 신으로 모셨겠어."

기묘박사의 말에 나대용과 홍순용 여사는 목소리를 높였다. 하지만 쿵샤르는 듣는 둥 마는 둥 하며 기묘박사에게 말했다.

"자외선 차단막과 열 차단막을 확인해. 최대한 가까이 가 보자고."

"태양에 착륙하는 게 아니고요?"

팡소로가 물었다.

"지잉, 태양은 기체로 이루어져 있어서 착륙할 땅이 없습니다. 또한 태양은 표면 온도가 6000℃에, 중심 온도는 1400만 ℃에 이릅니다. 생명체건 기계건 그 온도에선 견디지 못합니다. 팡소로 님이 정 흐물흐물 녹아 버리고 싶으시다면 캡슐에 태워 보내 드릴 수는 있습니다."

기묘박사가 빈정댔다. 팡소로는 몹시 실망했다.

"지잉, 쿵샤르 님, 여기까지입니다. 아무리 열 차단막이 있다 해도 더 이상 가까이 가는 건 위험합니다."

잠시 후 기묘박사가 말했다. 이미 실내는 불 속에 들어온 것처럼 후

끈거렸다. 쿵샤르는 하는 수 없이 그 위치에서 태양 둘레를 돌며 관찰하기로 했다. 나대용과 홍순용 여사는 열기 때문에 몸이 축 늘어져서 꼼짝도 할 수 없었다. 빛도 너무 강해서 눈을 뜨기조차 어려웠다.

"이대로 있다간 눈이 멀어 버리겠어요. 어떻게 좀 해 봐요."

"자외선을 많이 쪼이면 검버섯도 늘고 피부암에도 걸린다든디."

"자외선은 이미 차단했다. 하지만 빛이 강하긴 하군. 태양 표면을 잘 관찰할 수가 없겠어. 기묘박사, 빛 차단율을 최대한 높이도록!"

곧이어 주위가 한층 어두워졌다. 나대용과 홍순용 여사는 그제야 조심스레 눈을 뜨고 태양을 바라보았다.

"와, 꼭 살아 있는 것 같아! 저것 봐, 두근거리는 것처럼 보여!"

"보기만 해도 몸이 타들어 가는 것 같구먼. 저렇게 이글대니 그 기운이 지구까정 오지."

나대용과 홍순용 여사는 태양에서 눈을 떼지 못했다.

"더 가까이 갔다가는 흔적도 없이 녹아 버리겠어."

팡소로는 태양에 내려 보고 싶다는 마음이 싹 달아난 것 같았다.

"그런데 저건 뭐지? 저기 어둡게 보이는 곳 말이야."

태양을 유심히 바라보던 쿵샤르가 유독 어두운 곳을 가리키며 말했다.

"저건 태양 흑점이에요. 지구에서도 보여요."

나대용이 자신 있게 대답했다.

"너 아까 태양 빛 때문에 눈도 못 뜨던데, 그걸 어떻게 알아?"

팡소로가 물었다. 그러자 기묘박사가 비웃듯 말했다.

"지잉, 팡소로 님. 생각 좀 하십시오. 태양에서 지구까지는 거의 1억 5000만 km나 됩니다. 그러니까 지구에서 보면 태양 빛이 그렇게 강하지 않겠죠."

"무슨 소리여, 지구에서도 맨눈으로 해를 봤다가는 눈이 멀 수도 있구먼. 하지만 우리 조상님들은 고려 시대에, 그러니께 지금으로부터 약 1000년 전에 벌써 해를 관찰하고 흑점에 대한 기록을 남기셨다 이 말씀이여."

"맞아, 지구에서도 햇빛은 아주 강해. 우리 조상들은 해가 뜨거나 질 때 까만 수정을 이용해서 관찰했대. 그 시간에는 햇빛이 약하거든. 나도 일식을 관찰할 때 까만 필름을 눈에 대고 봤는걸. 일식 때는 태양이 가려져서 빛이 약해지지만 그래도 맨눈으로 보면 위험하다고."

나대용이 말했다.

"기묘박사, 들었냐? 너야말로 생각 좀 해."

팡소로가 우쭐대며 말했다.

"지잉……."

기묘박사가 대꾸할 말을 찾는 동안, 잠자코 듣던 쿵샤르가 물었다.

"일식 때 태양이 가려진다니, 일식이 대체 뭐지?"

"달이 태양을 가려서 대낮인데도 어두워지는 거예요. 지구랑 달이랑 태양이 나란하게 될 때 일식이 일어나요."

"옛날엔 그것도 모르고 해가 없어졌다면서 난리들을 쳤다는구먼. 임금님까정 나서서 하늘에 제사를 지내고 해가 다시 나오게 해 달라고 빌었다잖어."

그러자 팡소로가 끼어들었다.

"에이, 달은 지구보다도 작고 태양은 이렇게 큰데 어떻게 달 그림자가 해를 가려."

"정말 신기하지? 그런데 지구에서 보면 달이랑 태양이랑 크기가 똑같아 보이거든. 그래서 나는 달이랑 태양이랑 크기가 같은 줄 알았어. 그런데 책에서 보니까 태양이 멀리 있어서 작아 보이는 거래."

나대용이 말했다.

"지잉, 맞습니다. 태양 지름은 달 지름의 400배지만 지구에서 태양까지의 거리가 지구에서 달까지의 거리보다 400배 멀기 때문에 지구에서 보면 달과 태양의 크기가 같게 보입니다."

기묘박사가 자존심을 되찾으려는 듯 조목조목 설명했다.

그때 갑자기 흑점 가까이에서 강한 빛이 번쩍하면서 솟아올랐다.

"지잉, 태양에서 폭발이 일어난 것 같습니다. 태양에서 방출된 에너지가 빠른 속도로 몰려오······."

하지만 기묘박사의 소리는 비상벨에 묻혀 더 이상 들리지 않았다.

"삐삐삐 삐삐삐 삐이이……."

나대용과 홍순용 여사는 강한 빛과 열기에 정신을 잃고 쓰러졌다.

잠시 후 나대용의 귀에 기묘박사의 소리가 들려왔다.

"지잉, 열 차단막 일부와 통신 장비, 속도 모드 전환 장치가 피해를 입었습니다. 열 차단막은 복구했지만 통신 장비와 속도 모드 전환 장치를 수리하려면 선체 밖에서 작업해야 합니다. 따라서 당분간 나르 행성과의 통신은 물론 선체 안과 밖의 통신도 불가능합니다. 별에서 별까지 빠른 속도로 이동하는 '항성 간 이동 모드'도 쓸 수 없습니다."

'휴, 죽진 않았구나!'

기묘박사의 목소리가 그렇게 반갑게 느껴진 것은 처음이었다.

쿵샤르의 태양계 탐사 일지

평범하지만 특별한 별, 태양 - 6873아뜨 399나르

태양은 스스로 빛을 내는 데다 태양계에 있는 다른 천체들에 비해 월등히 크기 때문에 어디서나 눈에 띈다. 하지만 너무 뜨거워서 가까이 다가가지도 못하고 태양에서 수천만 km 떨어진 곳에서 태양 주위를 돌며 관찰했다. 그런데도 태양 폭발로 인해 기묘박사는 열 차단막 일부와 통신 장비, 속도 모드 전환 장치에 피해를 입었다. 지구인들은 그만 기절해 버렸다. 태양에 관해 어렵게 알아낸 사실을 정리해 둔다.

태양

태양은 태양계에서 하나뿐인 별로 태양계의 중심에 있다. 지구와의 거리는 약 1억 5000만 km이다.

크기 지름이 약 139만 km로 지구 지름의 109배이다. 기묘박사의 계산에 따르면, 태양 크기의 속이 빈 그릇 속에 지구가 130만 개 들어갈 수 있다고 한다.

질량은 지구의 약 33만 배로, 태양계 전체 질량의 99.8%가 태양의 질량이다!

온도 표면 온도는 약 6000℃. 중심 온도는 1400만 ℃ 정도이다.

태양의 겉모습 다음과 같은 요소들이 관찰됐다.
 - 광구: 태양의 밝은 표면을 지구인들은 이렇게 부른다.
 - 흑점: 주위 지역보다 온도가 낮아 얼룩이 있는 것처럼 어둡게 보이는 곳. 태양의 강한 자기장 때문에 생기는 것으로 보인다.
 - 채층: 광구를 둘러싸고 있는 대기로 온도가 100만 ℃에 이른다.

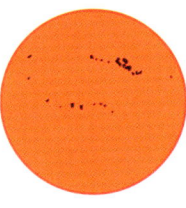

태양의 흑점

- 홍염: 채층에서 솟아오르는 불꽃. 수백만 km까지 솟아오르는 경우도 있다.
- 코로나: 채층 바깥쪽의 뜨거운 대기. 태양 표면보다 200배쯤 더 뜨겁다. 지구에서는 달이 광구의 빛을 가리는 일식 때 채층과 코로나를 관찰할 수 있다고 한다.
- 태양풍: 태양은 언제나 전기를 띤 수많은 알갱이들을 태양 바깥으로 내뿜는데 이것을 '태양풍'이라고 한다. 태양풍은 1초에 1000km도 넘는 거리를 움직여 태양계 끝까지 도달하며, 지구 자기장에 영향을 끼친다.
- 플레어(태양 폭발): 태양 표면에서 일어나는 폭발 현상. 플레어가 일어나면 태양풍이 매우 강해져서 지구의 통신 시설을 망가뜨리기도 한다.

자전과 공전 태양도 지구처럼 자전과 공전을 한다. 태양은 자전 속도가 지역에 따라 조금 다른데 적도 쪽은 25일, 극 쪽은 35일 정도 걸린다. 또한 우리 은하계 중심 주위를 공전하는데, 공전에 걸리는 시간은 약 2억 년이다.

태양의 나이 태양의 나이는 약 50억 년이다. 하지만 앞으로 50억 년 쯤은 더 빛날 수 있다고 한다. 그러니 한동안 태양이 사라질까 봐 걱정할 필요는 없을 것 같다.

▶태양은 매우 평범한 별이다. 태양계가 있는 '우리 은하계'에만 별이 1000억 개가 넘는데 태양은 크기나 밝기나 표면 온도, 모든 면에서 흔한 보통 별이었다. 하지만 지구인들은 태양을 매우 특별한 별로 여기고 신으로 섬기기까지 했단다. 지구를 따뜻하게 유지해 주고 에너지를 공급해 주는 태양이 지구인의 입장에서는 특별하게 여겨질 수밖에 없겠지?

▶하지만 난 태양이 끔찍하다. 태양 폭발이 일어나 비상벨이 울려 댈 때는 무서워서 죽는 줄 알았다. 다시는 별 근처에도 가지 말아야지!

궁금해! 궁금해!

태양까지는 얼마나 멀까?

지구에서 태양까지의 거리는 약 1억 5000만 km래. 이게 대체 얼마나 먼 거리일까? 여러 가지 탈것을 타고 태양까지 상상 여행을 하며 알아보자.

먼저 자동차를 타고 간다면?

고속 도로를 쌩쌩 달릴 때처럼 시속 100km로 달린다고 해도 약 171년이 걸려. 태어나자마자 출발한다고 해도 태양에 도착하기 전에 늙어 죽겠지?

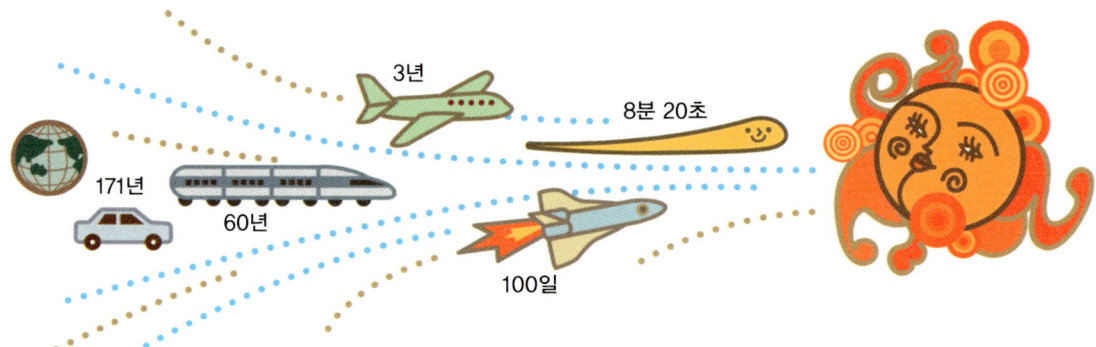

가장 빠른 기차인 KTX를 타고 가면 어떨까?

KTX의 최고 속도는 시속 300km 정도니까 60년쯤 걸려.

죽기 전에 도착은 하겠지만 되돌아오기는 좀 어렵겠다.

비행기를 타고 최고 속도로 날아가면 3년이 걸리고,

지금까지 인간이 만든 우주선 중에서 가장 빠른 보이저 우주선을 타고 가도 100일은 가야 해.

눈 깜짝할 사이에 지구를 7바퀴 반이나 돈다는 빛도 태양에서 지구까지 오려면 8분 20초가 걸려.

휴, 정말 먼 거리지?

하지만 우주에서 보면 그리 먼 거리도 아니야. 태양계의 마지막 행성인 해왕성은 태양에서부터 무려 약 45억 km나 떨어져 있는걸. 그건 또 얼마나 먼 거리일까? 숫

자가 너무 커서 잘 모르겠다고? 맞아. 그래서 행성까지의 거리를 나타낼 때는 km 대신 AU라는 단위를 써. 1AU는 바로 지구에서 태양까지의 거리인 1억 5000만 km 야. 태양에서 해왕성까지의 거리를 AU로 나타내면 30AU가 되지. 그러니까 태양에서 해왕성까지의 거리는 지구에서 태양까지 거리의 30배쯤 되는 거야. 이렇게 AU라는 단위를 쓰면 행성 간의 거리를 비교하기가 훨씬 쉽지.

〈AU로 나타낸 태양에서 행성까지의 거리〉

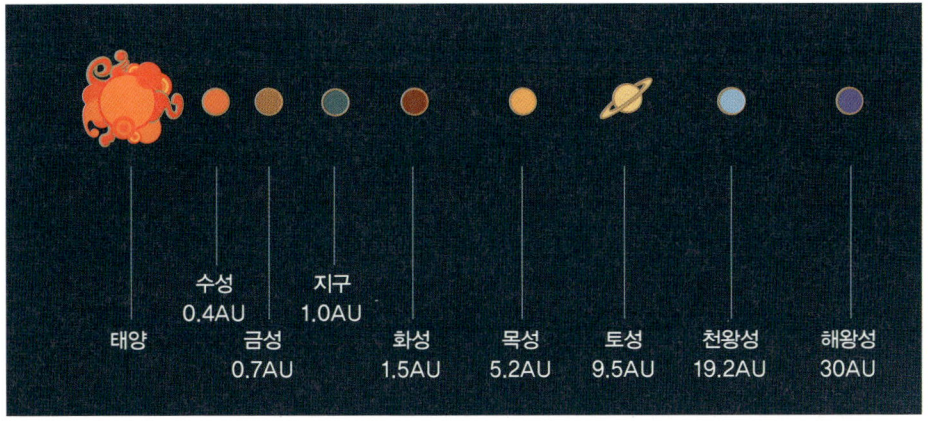

(*이해를 돕기 위한 그림으로, 태양과 행성의 크기 비율과 간격은 실제와 다름.)

제5장
날짜가 뒤죽박죽

"괜찮니?"

눈을 뜨자 나비가 물었다. 나대용은 노란 방에 누워 있었다.

"기억 안 나? 태양 폭발 때문에 쓰러졌잖아. 팡소로가 방에 데려다 놓고 갔어."

나비의 말에 나대용은 그제야 아까 일이 떠올랐다. 다행히 나대용도 홍순용 여사도 크게 다친 곳은 없었다. 다만 홍순용 여사는 다리가 후들거린다며 자리에서 일어나지 못했다.

"기묘박사가 고장 났다는 소리를 들었어. 할머니, 내가 보고 올게."

나대용이 말했다.

"나도 같이 가."

나비는 그렇게 말하고 배낭 속으로 조르르 기어 들어갔다.

밖은 아무 일도 없는 듯 조용했다. 나대용은 발소리를 죽이고 주위를 살피며 걸었다. 조종실이 가까워지자 쿵샤르의 소리가 들려왔다.

"저게 수성인가? 통신 장비는 수성에 착륙해서 수리하도록 하지. 선체 밖에서 작업하려면 그게 편할 거야. 수성까지는 얼마나 남았지?"

"지잉, 1000km입니다. 수성에 관한 기초 조사가 끝나면 곧바로 착륙하겠습니다."

"수성에 왔나 봐."

나대용이 나비에게 속삭였다. 그때 팡소로의 소리가 들렸다.

"저게 수성이라고? 꼭 달 같은데……."

"지잉, 수성이 분명합니다."

"하지만 저 움푹움푹 파인 구덩이를 보라고. 달이랑 똑같잖아."

팡소로의 말에 나대용도 고개를 끄덕이며 속삭였다.

"정말 달이랑 비슷하네. 태양 폭발 때문에 기묘박사가 이상해진 건 아닐까?"

"하지만 수성은 원래 겉모습이 달이랑 비슷한걸. 수성엔 대기가 거의 없기 때문에 달처럼 운석의 흔적이 많은 거야."

나비가 속삭였다. 곧이어 쿵샤르의 목소리가 들려왔다.

"음, 과연 비슷하긴 하군. 하지만 기묘박사의 속도 모드 전환 장치가 고장 났다는 걸 잊었나? 달이라면 이렇게 빨리 도착할 리가 없지. 그나저나 지구인들은 깨어났나?"

"아마 지금쯤이면 깨어났을 거예요. 제가 가 볼게요."

팡소로의 말에 나대용은 후다닥 노란 방으로 돌아왔다. 잠시 후 방으로 찾아온 팡소로는 나대용이 건강한 걸 보고 매우 기뻐했다.

기묘박사는 곧 수성에 착륙했다.

"지잉, 현재 수성 표면의 온도는 영하 170℃입니다."

"영하 170℃?"

쿵샤르와 팡소로와 나대용이 동시에 소리쳤다.

"태양과 가장 가까운 행성이라며 어째서 온도가 그렇게 낮은 거야? 여기 정말 수성 맞아?"

팡소로는 다시 기묘박사를 의심하기 시작했다. 이번에는 쿵샤르도 고개를 갸웃거렸다.

"지잉, 착륙한 곳이 현재 밤이기 때문입니다. 수성에는 대기가 거의 없습니다. 그래서 태양이 비치는 낮과 태양이 보이지 않는 밤의 온도 차이가 큽니다."

기묘박사가 말했다.

"하긴 대기가 없다면 그럴 수 있지."

쿵샤르는 고개를 끄덕였다.
"하지만 밖에 나가서 선체를 수리하려면 빛이 필요하다. 태양이 뜨려면 얼마나 남았지?"
쿵샤르가 물었다.
"지잉, 지구 시간으로 20일은 있어야 합니다."
"뭐라고? 대체 그게 무슨 소리야?"
쿵샤르의 목소리가 커졌다.
"지잉, 수성이 자전하는 데 걸리는 시간은 지구 시간으로 약 59일입니다. 반면 태양 둘레를 공전하는 데는 88일밖에 걸리지 않습니다. 그래서 햇빛을 받는 방향이 바뀌는 데 걸리는 시간이 깁니다. 수성에서는 낮과 밤이 한 번 지나가는 데 176일이나 걸리지요. 20일이면 그렇게 많이 남은 것도 아닙니다."

"세상에나, 그럼 하루가 59일이라는 거야?"

기묘박사의 말에 팡소로는 눈이 휘둥그레졌다.

"낮과 밤이 지나는 데 176일이 걸리니까 하루는 176일 아니야?"

나대용이 말했다.

"그런가? 아, 머리 아파."

팡소로는 잔뜩 인상을 찌푸렸다. 그러자 쿵샤르가 나섰다.

"지금 뒤죽박죽 날짜나 따지고 있을 때가 아니야. 우리에겐 다시 해가 떠오를 때까지 기다릴 시간이 없다. 지금 당장 태양이 있는 쪽으로 가서 다시 착륙해!"

쿵샤르의 명령이 떨어지자, 기묘박사는 즉시 이륙하여 태양이 보이는 쪽으로 날아가 다시 착륙했다. 지구에서 보던 것보다 3배는 큰 태양이 수성을 달구고 있었다.

"태양이 저렇게 큰 걸 보니 수성이 맞긴 맞네."

팡소로가 어깨를 으쓱하며 말했다.

"지잉, 현재 수성의 표면 온도는 430℃입니다."

기묘박사가 알려 왔다.

"헉, 100℃만 돼도 물이 끓는데 430℃면 대체 얼마나 뜨거운 거야? 설마 저보고 저기 내리라는 건 아니겠죠?"

나대용은 애원하는 눈빛으로 쿵샤르를 쳐다보았다.

"저기 내리면 열 제대로 받겠는걸."

팡소로도 투덜거렸다. 하는 수 없이 쿵샤르는 수성에서 기묘박사를 수리하려던 계획을 취소했다. 우주복을 입는다 해도 그렇게 높은 온도에서 오래 작업하는 것은 무리라고 판단했던 것이다.

뒤늦게 깨어난 홍순용 여사는 몸이 훨씬 가뿐해진 것 같았다.
"할미가 자고 있는 새 벌써 수성엘 다녀왔어? 어찌되았든 그 뜨거운 데 안 내리게 되어 천만다행이다."
수성에서의 이야기를 들은 홍순용 여사가 말했다.
"하지만 수성에 더 있었으면 오락가락 태양을 구경하는 건데……."
나비가 아쉬워했다.
"오락가락 태양? 그게 뭐야?"
"책에서 봤는데, 수성에서는 태양이 떠오르다가 별안간 왔던 길로 되돌아간대. 그러다가 다시 떠오른다지 뭐야. 그리고 다시 지는가 싶다가 또 나타나고, 그랬다가 완전히 진대. 왔다 갔다 오락가락, 재밌겠지?"
"하지만 그걸 다 보려면 두세 달은 수성에서 지내야 할걸. 난 그러느니

오락가락 태양 구경을 포기하겠어. 뜨거운 건 이제 질색이야."

나대용은 고개를 절레절레 흔들었다.

"그럼 금성에도 가나 마나야."

나비가 말했다.

"어째서? 금성은 수성보다 태양에서 멀잖아. 지구랑도 가깝고."

"그렇긴 하지만……."

나비는 뭔가 더 말하려다 팡소로의 목소리에 서둘러 배낭 속으로 숨었다. 팡소로는 조종실로 향하는 길목에 서서 나대용을 부르고 있었다.

"저것 봐, 금성이야. 멀리서도 잘 보이지?"

나대용과 홍순용 여사가 다가가자 팡소로가 창밖을 가리켰다.

"와, 반짝반짝 예쁘다!"

나대용은 탄성을 질렀다.

"금성이면 샛별 아니여? 샛별은 지구에서 봐도 반짝반짝혀. 밤하늘에서 달 다음으로 밝은 게 샛별이여."

홍순용 여사가 말했다. 기묘박사가 금성에 가까워짐에 따라 금성이 점점 크게 보였다. 그 모습을 보며 셋은 조종실로 향했다.

"움푹 파인 구덩이도 없고, 표면이 매끈한 걸 보니 금성엔 대기가 있는 게 분명해. 기묘박사, 안 그런가?"

조종석에 앉아 있던 쿵샤르의 입가에 미소가 번졌다.

"지잉, 맞습니다. 가시광선으로는 대기 속 표면 상태가 안 보일 정도로 두꺼운 대기입니다."

"그래? 대기가 두껍단 말이지? 좋아 좋아. 두꺼운 대기는 자외선 같은 해로운 빛과 운석을 막아 주지. 크기는 지구랑 비슷하고……. 옳지, 중력은 나르 행성이랑 거의 같군."

쿵샤르는 기묘박사가 예상한 중력을 확인하고 만족스러운 듯 말했다. 기묘박사는 적외선과 전파를 이용해서 금성 표면이 단단한 암석이라는 것도 확인했다.

"지잉, 금성에는 평원이 있고, 주위보다 낮은 저지대도 있고, 산도 있습니다. 하지만 지구에 비하면 그다지 울퉁불퉁한 편은 아닙니다."

"좋아, 아주 좋아! 자, 어서 착륙하자고."

쿵샤르가 말했다.

"그럼 금성이 제2의 나르 행성이 되는 건가요?"

팡소로는 들뜬 목소리로 물었다.

"성급하긴, 아직 확인해야 할 것이 많잖아. 하지만 가능성은 있어. 지구처럼 금성이 금성인들로 바글대지만 않는다면 좋겠는데……."

쿵샤르는 그렇게 말하면서도 얼굴에서 미소가 떠나지 않았다.

'대기란 아주 중요한 거구나. 지구에 대기가 있어서 다행이야.'

쿵샤르와 팡소로의 말을 들으면서 나대용은 생각했다.

기묘박사는 곧 금성의 대기 속으로 들어갔다. 그리고 얼마 안 있어 금성 표면에 사뿐히 내려앉았다.

"용암이다!"

나대용은 멀리 산꼭대기에서 흘러내린 용암을 보고 소리쳤다.

"놀라긴, 저건 오래전에 흘렀던 용암의 흔적일 뿐이라고."

팡소로가 웃으며 말했다. 용암 흔적은 산꼭대기에서 수백 km에 이르기까지 넓게 펼쳐져 있었다. 나대용은 마치 용암의 바다에 떠 있는 것 같은 기분에 겁이 났다.

"지잉, 금성의 현재 기온은 460℃, 압력은 지구의 92배입니다."

기묘박사가 알려 왔다. 순간 쿵샤르의 얼굴에서 웃음이 사라졌다.

"어떻게 된 거야? 어째서 금성이 수성보다도 더 뜨겁냐고? 거기다 기압이 지구의 92배?"

쿵샤르는 말을 하면서 쉴 새 없이 눈알을 굴려 댔다.

"혹시 기묘박사의 온도계와 압력계에도 문제가 생긴 게 아닐까요? 아무래도 직접 내려가서 확인을 해 보는 것이 어떨지……."

팡소로가 조심스럽게 말했다.

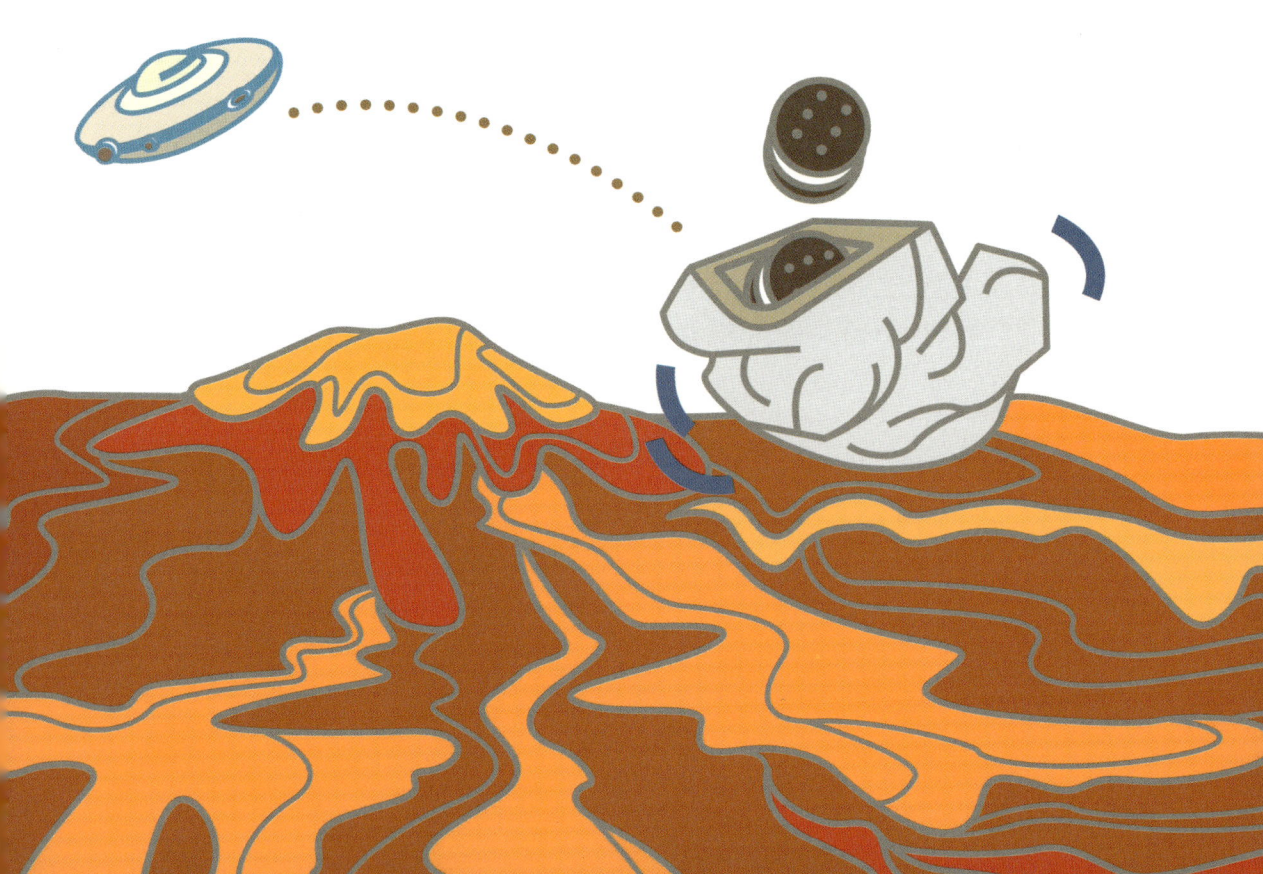

"어리석은 소리! 기묘박사의 말이 사실이라면 우주복을 입는다 해도 그 큰 압력을 이겨 낼 순 없어. 완전히 찌그러질 거라고."

쿵샤르가 소리쳤다. 기묘박사는 쿵샤르의 말이 사실이라는 걸 곧바로 확인시켜 주었다. 쿵샤르와 팡소로가 이야기를 나누는 사이에 쇠로 된 쿠키 통 하나를 우주선 밖으로 던진 것이다. 쿠키 통은 금세 구겨진 종이 꼴이 되더니, 곧 벌겋게 달아오르기 시작했다. 그 모습을 보자 모두들 입을 다물지 못했다. 팡소로는 이마에 흐른 식은땀을 잠자코 닦아 냈다. 기묘박사는 이륙을 서둘렀다.

"지잉, 금성의 대기는 96%가 이산화 탄소입니다. 이산화 탄소로 인한 온실 효과 때문에 금성의 기온이 이렇게 높은 것입니다."

금성 상공으로 날아오르며 기묘박사가 말했다.

"마치 나르 행성의 미래를 보는 것 같군. 나르 행성의 대기가 이산화 탄소로 채워지기 전에 어서 제2의 나르 행성을 찾아야 할 텐데……."

쿵샤르는 금성의 짙은 대기를 내려다보며 길게 한숨을 내쉬었다.

쿵샤르의 태양계 탐사 일지

정신없는 수성과 혈압 올리는 금성 - 6873아뜨 402나르

수성은 대기가 거의 없어서 낮과 밤의 표면 온도차가 몹시 심한 데다가, 낮과 밤이 바뀌는 데 176일이나 걸리는 이상한 행성이었다.

금성은 크기도 지구와 비슷했고 대기까지 있었다! 문제는 대기가 너무 두꺼워서 압력이 장난이 아니라는 것. 게다가 대기의 대부분은 이산화 탄소였다. 기묘박사가 떨어뜨린 쿠키 통처럼 찌그러지거나 녹지 않고 무사히 금성을 떠날 수 있게 된 것만도 다행이다.

수성

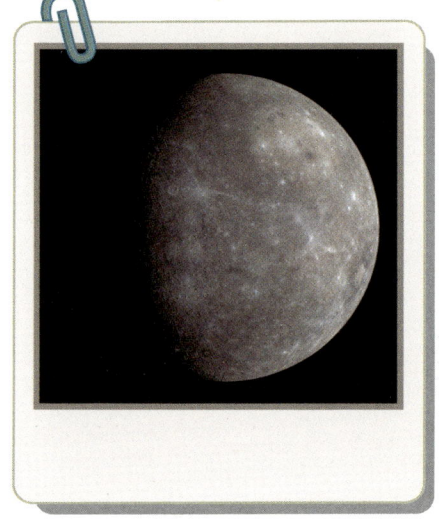

태양까지의 거리 평균 5790만 km로 지구와 태양과의 거리의 반도 안 된다.

크기와 모양 지름은 약 4879km로 달보다 약간 크지만 태양계에 있는 행성 중에서는 가장 작다. 달처럼 곳곳에 움푹움푹 파인 크레이터가 있고, 거대한 절벽도 눈에 띄었다.

대기 수성에는 대기가 거의 없다.

온도 최고 427℃, 최저 영하 173℃로 달보다도 온도 변화가 심하다.

자전과 공전 자전 주기는 약 59일이며, 공전 주기는 88일 정도이다. 공전 궤도는 타원형으로 태양과의 거리가 가장 가까울 때는 약 4600만 km, 가장 멀 때는 약 6980만 km이다.

금성

태양과의 거리 평균 1억 820만 km로, 지구와 태양과의 거리의 7/10 정도이다.

크기와 모양 지름은 1만 2104km로, 지구 지름보다 아주 약간 작다. 크기와 질량이 지구와 비슷하여 지구의 자매 행성으로도 불린다. 넓은 들판과 낮은 지대가 관찰되며, 산은 대부분 화산으로 곳곳에 용암이 흘러내린 흔적이 보인다. 지구에 있는 산보다 높은 화산도 있고, 꼭대기가 평평한 특이한 모양의 화산도 있었다. 대기 중에 황이 있는 것으로 보아 어쩌면 지금도 활동하고 있는 화산이 있을지도 모른다.

대기 매우 두꺼운 대기로 둘러싸여 있다. 대기의 96% 이상이 이산화 탄소이다. 짙은 황산 구름도 떠 있다. 햇빛을 잘 반사하는 황산 구름 때문에 금성은 매우 밝게 빛난다.

기온 이산화 탄소의 온실 효과로 늘 400℃가 넘으며, 평균 기온은 462℃ 정도로 납이나 아연 같은 금속이 녹을 정도로 뜨겁다.

자전과 공전 태양 둘레를 공전하는 데는 약 225일이 걸린다. 자전은 매우 느려서 약 243일이나 걸린다. 특이하게도 금성은 수성이나 지구랑은 반대 방향으로 자전한다.

▶아직 기묘박사를 수리하지 못해 나르 행성과 통신이 되지 않는다. 별일은 없겠지? 금성을 보니 이산화 탄소가 점점 늘어 가는 나르 행성의 앞날이 더욱 두려워진다.

▶지구인 할머니가 기력을 되찾았다. 지구의 옛이야기를 다시 들을 수 있어서 좋다!

궁금해! 궁금해!

금성을 샛별이라고 부르는 이유는?

수성은 늘 태양 가까이에 붙어 있기 때문에 지구에서는 수성을 관찰하기가 어려워. 태양 빛이 너무 밝은 데다 태양이 져서 어두워지기 시작하면 수성도 같이 지기 때문이야. 하지만 금성은 달라. 금성은 밤하늘에서 달 다음으로 밝아서 누구나 마음만 먹으면 금성을 찾을 수 있지. 우리 조상들도 금성을 '개밥바라기 별', '샛별' 등으로 부르며 친근하게 여겼어. 그런데 왜 금성을 그렇게 불렀을까?

'개밥바라기 별'은 태양이 저물 무렵 서쪽 하늘에 떠 있는 금성을 부르는 이름이야. 그런데 이때가 바로 개에게 저녁밥을 주는 시간이라지 뭐야. 그래서 이때 슬며시 나타난 금성이 마치 개밥이나 좀 얻어먹어 볼까 바라는 것 같다고 해서 '개밥바라기 별'이라고 부르게 되었대.

그에 비하면 '샛별'은 좀 더 멋진 이름이야. 금성이 새벽녘 동쪽 하늘에서 밝게 빛나기 때문에 새벽 별이라는 뜻으로 '샛별'이라고 부르게 되었거든. 요즘에는 어떤 분야에서 뛰어난 재능을 보이며 이름이 알려지기 시작하는 사람을 '떠오르는 샛별'이라고 부르기도 하지.

그나저나 금성은 스스로 빛을 내는 별이 아니고, 별 주위를 공전하는 행성인데 어째서 '별'이라고 했던 걸까?

오래전 사람들은 별(항성)과 행성의 차이를 잘 알지 못했어. 지구에서 보면 별이나 행성이나 똑같이 반짝거리니까 그중 어떤 것이 스스로 빛을 내는 별인지, 어떤 것이

별빛을 받아 반사하고 있는 행성인지 구분할 수 없었던 거야. 그래서 밤하늘에서 반짝이는 건 다 별이라고 불렀지.

하지만 그 옛날에도 별과 행성이 뭔가 다르다는 것은 알고 있었어. 별은 지구에서 볼 때 움직이지 않는 것처럼 보였고, 행성은 이리저리 움직이는 것처럼 보였거든. 그래서 우리 조상들은 진짜 별은 '붙박이별', 행성은 '떠돌이별'이라고 불렀대. '행성'은 바로 '여기저기 떠돌아다니는 별'이라는 뜻에서 온 말이야. 오늘날 '행성'의 정확한 의미는 '스스로 빛을 내지 않고 별 주위를 도는 천체'이지.

그런데 우리는 요즘도 가끔 행성을 '별'이라고 불러. 금성을 개밥바라기 별이나 샛별이라고 하고, 지구를 '지구 별'이라고 부르기도 하잖아. 왜 그럴까? 아마도 행성이라는 말보다 별이라는 말이 왠지 예쁘고 낭만적으로 느껴지기 때문이겠지?

제6장
붉은 황무지에서 찾은 희망

나르 행성은 아름답고 살기 좋은 행성이었다. 지구에 태양이 떠오르듯 매일 아침 아뜨별이 떠올라 나르 행성을 따뜻하게 비춰 주었고, 곳곳에 초록 숲이 펼쳐져 있었다. 평화롭기만 하던 나르 행성은 과학기술이 발달하고 인구가 폭발적으로 늘어남에 따라 점점 변해 갔다. 쓰레기가 넘쳐 났고, 공기는 오염되고 숲은 파괴됐다. 온난화 현상으로 기온은 계속해서 높아져 갔다. 설상가상으로, 과학자들은 500아뜨 뒤면 아뜨별이 점점 커지기 시작해서 언젠가는 나르 행성을 집어삼킬 거라는 끔찍한 예측을 내놓았다. 이에 나르 행성 지도부는 더 늦기 전에 제2의 나르 행성을 찾아 나르인들을 모두 이주시키기로 결정했다.

"팡소로와 내가 태양계에 온 것도 바로 그 이유 때문이다."

쿵샤르가 나르 행성에 관한 긴 이야기를 끝내며 말했다.

"쯧쯧, 그런 사연이 있었구먼."

홍순용 여사는 눈가에 맺힌 눈물을 슬쩍 닦아 냈다.

"지구다!"

그때 갑자기 조종석 쪽에서 팡소로가 외쳤다. 하얀 구름으로 둘러싸인 푸른 지구가 캄캄한 우주 속에서 보석처럼 빛나고 있었다.

"다시 봐도 정말 아름답군. 오래전 우주 비행사들이 찍은 나르 행성도 저렇게 아름다웠지."

쿵샤르가 쓸쓸하게 말했다.

"좀 덥긴 해도 지구만 한 곳이 없는 것 같아요. 안 그렇습니까, 쿵샤르님? 물과 대기가 있고, 숲이 있잖아요. 지구인들만 없다면 딱인데."

팡소로의 말에 나대용은 머리가 쭈뼛했다.

"서, 설마 지구로 쳐들어오거나 하는 건 아니지?"

그러자 팡소로가 정색을 했다.

"너, 우리 나르인을 뭘로 보는 거야? 우리는 평화를 사랑하는 종족이라고. 주인 있는 행성을 빼앗는 일 따위는 하지 않아. 함께 살면 몰라도. 하지만 지구에는 이미 지구인들이 너무 많잖아. 거기다 나르인들까지 이사를 오면 지구도 금세 나르 행성처럼 돼 버릴걸."

"기묘박사의 조사에 따르면 지구도 이미 환경 오염이 심하더군. 이러다간 지구인들도 언젠가는 새로운 행성을 찾아 우주를 떠돌게 될지도 몰라."

쿵샤르가 경고했다. 나대용은 지구로 쳐들어오지 않는다는 말에 안심이 되면서도 지구가 나르 행성처럼 된다고 상상하니 겁이 났다.

'안 돼! 절대로 지구를 그렇게 만들진 않을 거야.'

나대용은 생각했다. 그러자 갑자기 지구가 그리워졌다. 엄마 아빠, 심지어 만날 나대용을 놀려 대던 황주호조차도 보고 싶었다. 하지만 기묘박사는 지구를 지나쳐 점점 더 지구와 멀어져 갔다.

얼마나 지났을까, 저만치에서 행성 하나가 나타났다. 행성 주위로 작은 돌덩이 2개도 보였다. 바로 화성과 화성의 두 위성이었다.

"지구의 위성인 달에 비하면 아주 보잘것없군."

쿵샤르가 말했다. 기묘박사는 곧바로 화성으로 날아갔다.

"저렇게 뻘거니깐 불 화(火) 자를 써서 화성이라고 했구먼. 서양에서는 피가 흐르는 것 같다고 해서 전쟁의 신인 마르스인가 뭔가로 부른다지. 하긴 우리 조상들도 화성은 흉조라고들 혔지."

"이거 어쩐지 불길한데?"

홍순용 여사의 말에 팡소로는 어깨를 움츠렸다.

"하지만 생명체가 있을지도 몰라. 화성인이 나오는 영화도 많다고."

나대용이 말했다.

"그래? 그럼 이 팡소로 님이 화성인을 찾아볼까?"

하지만 쿵샤르는 매우 조심스러웠다.

"먼저 화성 주위를 돌면서 상황을 살펴보도록 하지. 지구에서처럼 섣불리 착륙했다가 화성인에게 발각되기라도 하면 골치 아프니까."

"저 산 좀 봐! 지구에서 본 산이랑은 비교도 안 되게 높아!"

"저건 달에서 본 크레이터랑 비슷하다!"

"뭐, 뭐야, 엄청나게 길고 깊은 골짜기도 있어!"

팡소로는 기묘박사가 새로운 지역을 지날 때마다 쉬지 않고 종알거렸다. 하지만 마을이나 도시는 어디에도 보이지 않았다.

"적어도 지구처럼 북적이진 않나 보군. 저기 평평한 곳에 착륙한다."

쿵샤르가 명령을 내리자 기묘박사는 즉시 착륙했다.

"지잉, 현재 기온은 영하 23℃. 약한 모래바람이 불고 있습니다."

"와우, 영하 23℃라고? 그럼 나르 행성의 겨울 날씨 정도잖아? 쿵샤르 님, 우주복도 필요 없겠는데요? 바로 나가 볼까요?"

팡소로가 엉덩이를 들썩이며 말했다.

"지잉, 하지만 대기의 양이 아주 적기 때문에 기압이 매우 낮습니다. 화성의 기압은 지구의 1/150 정도입니다. 만약 우주복을 입지 않고 나간다면 풍선처럼 부풀거나 피가 부글부글 끓어 버릴 겁니다."

기묘박사의 말에 팡소로는 허겁지겁 우주복을 챙겨 입었다.

"할멈도 입어. 기묘박사를 수리하려면 나도 내려야 하거든. 지구인을 기묘박사 안에 혼자 둘 순 없어."

쿵샤르가 홍순용 여사에게 우주복을 건넸다.

화성에 내리자 쿵샤르와 팡소로는 기묘박사를 수리하기 시작했다.

"너희는 주변을 살펴봐. 혹 뭔가 발견되면 즉시 신호를 보내야 해."

쿵샤르가 말했다. 하지만 어디를 보나 거친 벌판일 뿐 풀 한 포기, 벌레 한 마리 보이지 않았다. 나대용이 툴툴댔다.

"쳇, 이게 뭐야? 화성인도 없고. 그 책은 진짜 엉터리였어."

"쯧쯧, 진흙에 바위며 돌맹이만 군데군데 박혀 있는 것이 아주 그냥 말라 버린 강바닥이구먼."

홍순용 여사도 혀를 찼다.
"그래? 정말 아무것도 없어?"
나비도 실망한 목소리였다. 나대용과 홍순용 여사는 혹 지평선 너머에 뭐가 있을까 싶어 가 보았지만 마찬가지였다.

"가 봐야 똑같은디 이제 그만 돌아가자. 녹슨 것처럼 붉은 땅을 계속 봐 그런지 이 할미는 이제 하늘까정 분홍색으로 보인다."
"앗, 나도 하늘이 분홍색으로 보여! 우리 둘 다 눈이 이상해졌나 봐."

나대용이 소리쳤다. 그러자 나비가 웃으며 말했다.

"호호, 걱정 마. 정상이니까. 원래 화성은 하늘이 분홍색이야. 엷은 대기 중에 있는 이산화 탄소 때문이라지, 아마."

"정말? 휴, 다행이다. 그럼 화성에서는 분홍색이 '하늘색'이겠구나."

"그렇지. 하늘 색이 언제나 하늘색인 건 아니니까. 흠, 이 말 왠지 멋지지 않니?"

나비는 자기가 한 말이 매우 마음에 드는 모양이었다.

나대용과 홍순용 여사가 돌아왔을 때 팡소로와 쿵샤르는 수리를 모두 끝마치고 통신 상태를 점검 중이었다. 쿵샤르는 나대용과 홍순용 여사가 아무것도 발견하지 못한 걸 오히려 기뻐하는 듯했다.
"주인 없는 행성일 가능성이 크군. 좋았어! 구석구석 살펴보자고."
쿵샤르는 기묘박사 옆구리에서 작은 탐사 차를 끄집어내며 말했다. 넷이 모두 올라타자 차가 달리기 시작했다.
"지잉, 화성의 붉은색은 산화철, 즉 녹슨 철 때문입니다."
돌멩이가 나뒹구는 붉은 황무지를 지나며 기묘박사가 말했다.
탐사 차는 강줄기의 흔적이 남아 있는 계곡을 지나기도 하고 움푹 파인 분화구 옆을 지나기도 했다.
"지잉, 저곳은 오래전에 강물이 흘렀던 곳이 틀림없습니다. 저런 무늬는 흐르는 물 때문에 생기거든요."
기묘박사는 분화구 안쪽에서도 물이 흘렀던 증거를 찾아냈다. 하지만 어디에도 물은 보이지 않았다.
"곳곳에 물이 흐른 흔적은 남아 있는데 물은 어디에도 없군."
쿵샤르가 안타까운 듯 말했다. 대체 물이 어디로 사라진 걸까? 화성의 북극 지방에 도착했을 때에야 수수께끼의 실마리가 보였다.
"얼음이다!"
팡소로가 탐사 차에서 내리며 소리쳤다. 팡소로는 퐁퐁퐁 달려가 얼음 위로 미끄러졌다.

"정말, 정말 얼음이야!"

나대용도 얼음을 보자 괜히 반가웠다.

"지잉, 윗부분은 이산화 탄소가 언 드라이아이스입니다. 하지만 그 밑에 분명 물이 언 얼음이 있습니다."

"그럼 화성 표면에 흐르던 물이 지금은 땅속에 얼어 있다는 건가? 그 얼음을 녹이면 다시 물이 흐르겠군."

쿵샤르는 그제야 미소를 지었다. 쿵샤르는 어쩌면 화성에서 가장 따뜻한 지역에는 아직도 물이 흐를지 모른다고 생각했다.

"좀 더 찾아봐야겠어. 어서들 타라고!"

쿵샤르가 말했다. 이번에는 탐사 차가 남쪽으로 달렸다. 쿵샤르는 흐르는 물을 찾으려고 열심히 주위를 살폈다. 하지만 점점 심해지는 모래 바람 때문에 눈앞이 잘 보이지 않았다. 마치 공해로 인해 스모그가 잔뜩 낀 것 같았다. 그때 기묘박사가 갑자기 탐사 차를 멈춰 세웠다.

"왜 그래? 무슨 일이지?"

쿵샤르가 물었다. 나머지 일행은 주위를 두리번거렸다.

"지잉, 길이 65cm, 폭 48cm, 높이 30cm, 바퀴 6개. 로봇입니다."

그제야 저만치에 놓여 있는 물체가 나대용의 눈에 들어왔다.

"화성인이 만든 건가?"

쿵샤르는 탐사 차에서 내려 로봇을 유심히 살펴보았다.

"소저너야. 1996년에 지구에서 보낸 화성 탐사 로봇이라고."

나비가 속삭이자, 나대용이 큰 소리로 사실을 알려 주었다.

"저건 지구에서 보낸 화성 탐사 로봇이에요."

"그래? 지구인들이 벌써 화성을 조사 중이라는 말이지? 서둘러야겠군. 어서 나르 행성에 보고서를 보내야겠어. 아마 화성에는 별도의 화성 탐사단이 파견될 거야. 물을 찾는 건 그들에게 맡기지."

쿵샤르가 말했다. 그러고는 탐사 차를 다시 기묘박사 옆구리에 끼워 넣었다. 기묘박사는 넷을 한꺼번에 나노 캡처로 잡아 끌어올리고 곧바로 날아올랐다. 화성은 어느새 거대한 모래 폭풍에 휩싸여 있었다.

쿵샤르의 태양계 탐사 일지

강력한 후보지, 화성 – 6873아뜨 405나르

화성에 내려 기묘박사를 수리했다. 화성 탐사를 마친 뒤에는 매우 중요한 보고서를 작성하여 나르 본부로 보냈다.

〈쿵샤르의 매우 중요한 보고서〉

지구와 화성은 제2의 나르 행성으로 가장 가능성 있는 후보이다. 지구는 나르인들이 언제라도 이주해서 살 수 있는 환경이지만, 기온이 높은 데다 이미 너무 많은 지구인들이 살고 있고, 환경 오염이 심해 조만간 지금의 나르 행성처럼 될 가능성이 크다. 그런 점에서 화성이 나을 수도 있다. 화성에 관한 기본 정보는 다음과 같다.

화성

태양으로부터의 거리 2억 2790만 km. 지구보다 약 1.5배 더 멀리 떨어져 있다.

크기와 모양 지름이 6779km로 지구 지름의 반 정도이다. 화성 표면은 대부분 산화철로 이루어져 있어서 붉은색을 띤다. 다만 드라이아이스와 얼음이 있는 극지방은 하얗게 보인다. 화성은 지구보다 크기가 작지만, 지구에서 가장 높은 산보다 3배나 더 높은 산이 있고 지구보다 훨씬 더 길고 깊은 골짜기도 있다. 화산 폭발로 생긴 분화구와 물이 흐른 흔적도 곳곳에서 발견된다. 오래전 화성은 더 따뜻하고, 강과 바다도 있었을지 모른다.

대기 화성은 대기가 매우 적어서 대기압이 지구의 1/150밖에 안 된다. 그것마저도 태양풍 때문에 점점 빠져나가고 있다.(만약 화성을 제2의 나르 행성으로 만들려면

대기를 늘리기 위한 계획이 필요하다. 지하의 얼음을 녹여서 물과 대기를 만들 수 있지 않을까?)

기온 지구는 물론 나르 행성보다도 더 춥다. 대기가 적어서 낮과 밤의 기온 차이도 큰 편이다. 낮 평균 기온은 영하 12℃, 밤 평균 기온은 영하 80℃ 정도이다. 하지만 지역에 따라 차이가 있기 때문에 어쩌면 낮에는 영상이 되는 지역이 있을지도 모른다.

자전과 공전 화성은 지구와 비슷한 정도로 자전축이 기울어져 있어서 지구처럼 계절이 바뀐다. 하지만 태양 둘레를 한 바퀴 도는 데 걸리는 시간이 지구 공전 주기의 2배에 가까운 687일이기 때문에 계절이 바뀌는 데도 2배의 시간이 걸린다. 한편, 자전 주기는 24시간 37분으로 지구와 거의 비슷하다.

위성 2개. 그중 포보스는 최대 길이 28km, 데이모스는 16km로 매우 작다. 지구인 할머니는 화성의 위성이 지구인들이 즐겨 먹는 감자를 닮았다고 말했다.

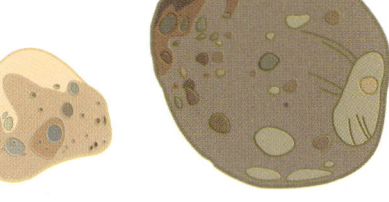

데이모스　　　포보스

중요! 우리는 화성에서 지구인들이 보낸 로봇을 보았다. 지구인 꼬마의 말에 따르면 지구인들은 벌써 수차례 화성에 탐사 로봇을 보냈고, 지금도 화성 궤도를 도는 탐사선이 활동 중이라고 한다. 지구인들에게 화성을 뺏기지 않으려면 나르 행성에서도 서둘러 별도의 화성 탐사단을 보내야 한다!

궁금해! 궁금해!

화성에는 정말 생명체가 살았을까?

외계인 이야기를 다룬 영화나 소설을 보면 유난히 화성인이 많이 등장해. 영화 《혹성 탈출》에는 원숭이처럼 생긴 화성인이 나오고, 소설 《우주 전쟁》에는 문어 같은 화성인이 등장하지. 그런데 어째서 '외계인' 하면 '화성인'을 떠올리게 되었을까? 정말 화성에는 사람처럼 생각하는 능력을 지닌 화성인이 살고 있을까?

350여 년 전 이탈리아 천문학자 카시니는 화성의 극지방에서 얼음으로 된 지역을 발견하고 그곳을 '극관'이라고 불렀어. 독일 천문학자 허셜은 극관의 크기가 계절에 따라 달라지는 걸 발견했지. 얼음, 즉 물이 있다는 사실이 밝혀지자 사람들은 화성에 생명체가 살고 있을지도 모른다는 추측을 하게 됐어.

망원경이 발달한 뒤에는 여러 사람이 화성 표면에서 줄무늬를 발견했는데, 로웰이라는 미국 천문학자는 그 줄무늬가 화성인이 건설한 운하라고 주장했대. 그 뒤 많은 사람들이 화성에는 뛰어난 지능과 기술을 지닌 화성인이 살지도 모른다고 상상하게 되었단다.

하지만 지금까지 화성인은 발견되지 않았어. 1964년 처음으로 화성에 접근해서 화성 사진을 찍은 '마리너 4호' 위성, 1975년 최초로 화성에 착륙한 '바이킹 1호', '바이킹 2호' 같은 탐사선들 덕분에 화성 표면의 모습은 많이 알려졌지만, 화성인은커녕 그 어떤 생명체의 흔적조차 발견되지 않았어.

1997년에는 탐사 로봇 '소저너'가 실린 탐사선 '마스 패스파인더'가 화성에 착륙했어. 소저너는 화성에서 100m나 움직이며 탐사했지만 역시 생명체는 발견되지 않았어.

1998년에는 '마스 글로벌 서베이어', 2001년에는 '마스 오디세이'가 화성에 착륙하여 오래전 화성에 물이 흘렀던 흔적을 발견했어. 그리고 화성의 지하 얕은 곳에 많은 양의 얼음이 있다는 걸 밝혀냈지.

　2004년에는 '스피릿'과 '오퍼튜니티'라는 2대의 탐사 로봇이 화성에 착륙했는데, '스피릿'은 6876m, '오퍼튜니티'는 9192m나 이동하며 조사했어. 그 결과 옛날 화성에는 오랜 기간 물이 존재했다는 증거를 얻었대. 이뿐만이 아니야. 또 2012년에는 '큐리오시티'가 화성에 착륙해서 화성의 기후와 지질을 살펴보고, 화성은 미생물이 살기에 유리한 조건을 갖고 있다는 것을 발견했지. 그리고 2020년에 출발하여 2021년에 화성에 착륙할 예정인 '퍼시비어런스'는 화성의 흙과 암석을 수집해서 돌아올 거라고 해.

　지금도 탐사선들이 화성 주위를 돌면서 화성을 자세히 살피고 있어. 또 20년쯤 뒤에는 화성에 우주인을 보낼 거라고 해. 그러니 언젠가는 화성 생명체에 관한 비밀도 풀리겠지?

제7장
수많은 장애물과
거대한 소용돌이

　나대용과 홍순용 여사는 노란 방에서 쉬고 있었다. 다음 목적지인 목성까지는 꽤 시간이 걸릴 거라고 기묘박사가 말해 주었기 때문이다. 쿵샤르와 팡소로도 각자 방에서 쉬고 있는지, 주위가 조용했다.
　"화성에서 목성까지는 가장 가까울 때도 5억 5000만 km가 넘어. 태양에서 목성까지의 거리가 5.2AU나 되거든. 태양에서 지구까지 거리의 5.2배나 된다 그 말이야."
　나비는 탁자 위를 이리저리 기어 다니며 종알거렸다.
　"정말 멀다. 그 사이에는 아무것도 없는 거야?"
　나대용이 물었다. 그러자 나비가 뭔가 생각난 듯 다급하게 외쳤다.
　"아니! 소행성대가 있어! 지금 이럴 때가 아니야. 빨리 쿵샤르와 팡소로를 불러서 조종실로 가야 해!"
　"갑자기 뭔 일이냐?"
　홍순용 여사가 어리둥절한 얼굴로 나비에게 물었다.
　"화성과 목성 사이에는 수많은 소행성들로 이루어진 소행성대가 있어. 지름이 1km 이상인 소행성만 해도 100만 개나 된다고. 만약 그중

하나라도 충돌한다면 기묘박사는 산산조각이 나고 말 거야. 기묘박사는 속도가 워낙 빨라서 아무리 작은 소행성이라도 부딪히면 위험해. 어서 서둘러!"

나비가 소리쳤다.

나대용은 재빨리 배낭을 둘러메고 팡소로를 찾았다. 이야기를 전해 들은 팡소로는 즉시 쿵샤르에게 보고했다. 혼자서 몰래 전자 게임을 하고 있던 쿵샤르는 화들짝 놀라서 곧바로 조종실로 달려갔다.

하지만 정작 기묘박사는 침착했다.

"지잉, 걱정 마십시오. 장애물 피하기 기능이 이미 작동 중입니다."

그럼에도 불구하고 눈앞에서 크고 작은 소행성이 휙휙 지나가자 나대용은 겁이 나서 저절로 눈이 감겼다. 홍순용 여사도 겁이 나기는 마찬가지였다. 쿵샤르도 불안한지 기묘박사에게 속도를 늦추라고 명령했다. 오직 팡소로만이 밝은 표정이었다.

"아슬아슬 조마조마. 히히, 꼭 장애물 경주 같다."

이렇게 태평스럽게 말하며 소행성이 지나갈 때마다 낄낄거렸다.

"저것 좀 봐. 저 소행성은 몽둥이같이 생겼어. 저건 한쪽이 찌그러졌네. 한 대 얻어맞았나? 소행성은 모양이 왜 다 저래?"

"지잉, 중심에서 잡아당기는 힘이 충분히 강해야 둥근 공 모양이 됩니다. 소행성들 모양이 제각각인 건 크기가 작고 중력이 충분히 크지 않기 때문입니다."

기묘박사가 말했다. 그러고 보니 좀 더 큰 소행성 중에는 공 모양에 가까운 것도 있었다.

'저렇게 큰 소행성이랑 충돌했다가는…… 으으 무서워.'

나대용은 생각만으로도 몸이 부르르 떨렸다. 다행히 아무런 충돌 없이 무사히 소행성대를 통과한 기묘박사는 다시 속도를 높이고 목성을 향해 날아갔다. 목성은 크고 밝았다.

"지잉, 목성의 지름은 지구 지름의 11배 정도입니다. 저렇게 밝은 걸 보면 대기도 풍부한 것 같습니다. 많은 대기가 태양 빛을 반사하고 있어서 밝게 보이는 거지요."

"그래? 아주 크고 대기가 풍부한 행성이란 말이지? 금성처럼 대기가 너무 많지는 않으면 좋겠는데……."

쿵샤르는 담담하게 말했다.

목성이 좀 더 가까워지자 목성을 둘러싸고 있는 가느다란 고리가 나타났다. 나대용은 그 고리가 어쩐지 낯설었다.

"목성에 고리가 있는 줄은 몰랐어."

"하긴 너무 가늘어서 지구에서는 잘 안 보이겠다. 그런데 고리의 정체는 뭘까?"

팡소로는 고리가 흥미진진한 수수께끼라도 되는 듯 말했다.

목성 표면은 갈색과 흰색이 줄무늬를 이루고 있었다. 또 커다란 붉은색 점도 보였다. 그 모습을 보고 쿵샤르가 말했다.

"뭔가 있군, 뭔가 있어. 자, 좀 더 가까이 가 보자고."

기묘박사는 목성의 둥근 모습이 보이지 않을 만큼 더욱 가까이 다가갔다. 지나면서 자세히 보니 목성의 고리를 이루고 있는 건 수많은 먼지들이었다.

"피, 겨우 먼지였어? 멀리서 볼 때는 아주 멋져 보였는데."

팡소로는 실망한 듯 말했다.

표면에 보이던 붉은 점은 소용돌이치듯 돌고 있었다.

"지잉, 목성에는 강한 바람이 불고 있습니다. 저 붉은 점은 서쪽으로 부는 바람과 동쪽으로 부는 바람이 만나서 생긴 소용돌이로 보입니다."

기묘박사는 그 소용돌이의 크기가 지구를 3개는 넣을 수 있을 만큼 크다고 알려 주었다.

"저 점이 그 정도면 대체 목성은 얼마나 큰 거야?"

나대용과 홍순용 여사는 그제야 목성이 얼마나 큰지 실감했다.

"자, 그럼 태양계에서 가장 큰 행성에 착륙해 볼까? 기묘박사, 대기 속으로 들어가서 목성 표면을 조사하고 착륙하기에 알맞은 곳을 찾아봐. 압력도 체크해 보고."

쿵샤르가 말했다.

기묘박사는 서서히 고도를 낮추고 목성으로 다가가 짙은 대기를 뚫었다. 하지만 갑자기 강한 바람이 휘몰아치는 통에 기묘박사는 그만 중심을 잃고 말았다. 기묘박사는 마치 바람이 빠지는 풍선처럼 뱅글뱅글 돌기 시작했다.

"아악!"

"살려 줘!"

모두들 비명을 내질렀다. 이따금 '번쩍' 하는 강한 빛이 기묘박사 안

을 눈부시게 밝혔다. 기묘박사는 있는 힘껏 추진력을 높여 가까스로 균형을 잡았다. 그리고 서둘러 목성의 대기에서 벗어났다.

"지잉, 쉬잉, 엄청난 바람입니다. 더 이상은 가까이 갈 수 없습니다. 게다가 목성 대기에는 번개 구름이 있어서 시도 때도 없이 강한 번개가 치고 있습니다. 어서 목성을 떠나는 게 좋을 것 같습니다."

이어서 기묘박사는 매우 놀라운 사실을 알려 주었다.

"지잉, 어차피 목성에는 착륙할 곳이 마땅치 않습니다. 어쩌면 중앙에 딱딱한 암석으로 된 작은 핵이 있을지도 모르지만 목성은 대부분 기체로 이루어져 있습니다."

"말도 안 돼! 기체는 흩어져 버리잖아. 만약 목성이 기체로 이루어져 있다면 어떻게 저렇게 동그랄 수가 있어?"

팡소로가 당치 않다는 듯 말했다.

"기체로 이루어져 있다 해도, 모인 기체가 아주 많으면 중심 쪽으로 끌어당기는 중력이 작용해서 둥근 모양이 유지되지. 그리고 중심 쪽으로 가면 워낙 압력이 강해서 기체가 액체로 변해 있을 거야."

쿵샤르가 말했다.

"지잉, 그렇습니다. 목성은 보다시피 매우 크니까요."

기묘박사가 맞장구를 쳤다. 그리고 목성이 매우 빨리 자전하고 있다는 사실도 알려 주었다.

"목성은 한 번 자전하는 데 지구 시간으로 9시간 55분밖에 걸리지 않습니다."

"그래서 바람도 그렇게 강했군. 그런데 목성을 이루고 있는 기체가 뭐지? 우리가 화성으로 이주한다면 목성은 이웃 행성이 될 테니 최대한 목성에 대해 알아 두는 편이 좋아."

쿵샤르가 말했다.

"지잉, 가장 바깥 대기는 암모니아 구름입니다. 하지만 목성의 대부분은 수소와 약간의 헬륨으로 이루어져 있습니다."

기묘박사의 설명에 쿵샤르는 고개를 끄덕이며 말했다.

"우주에서 아주 흔한 기체로군. 특히 별에 많은 기체들이야. 만약 목성이 조금만 더 컸다면 아마 별이 됐을 거야. 토성에 가기 전에 목성의 위성을 둘러보는 게 좋겠어."

하지만 목성은 위성이 너무 많았다. 기묘박사가 목성까지 오면서 센 것만 해도 79개나 되었다. 기묘박사는 목성의 위성을 다 돌아보기에는 연료가 부족하다고 경고했다.

"그래도 가장 큰 위성 4개는 포기할 수 없어. 최대한 에너지를 절약하면서 탐사를 진행한다."

쿵샤르가 단호하게 말했다.

처음 도착한 곳은 목성에서 가장 가까운 위성으로, 크기가 달만 하고 노란빛과 오렌지 빛을 띠는 위성이었다. 그곳에는 다행히 착륙할 만한 단단한 땅이 있었다. 하지만 물도 얼음도 없는 데다 여기저기서 화산이 이글대며 활동하고 있었다. 기묘박사는 화산에서 흘러나오는 용암과 지진을 피해 곧바로 이륙했다. 나중에 나비는 그 위성이 '이오'라고 알려 주었다.

두 번째 위성으로 가는 길에 나대용과 홍순용 여사는 난생처음으로 오로라를 보았다. 목성의 북극 하늘에 밝고 아름다운 오로라가 펼쳐져 있었다.

"와!"

나대용은 저도 모르게 탄성을 질렀다.

"오로라가 있다는 건 자기장이 있다는 뜻이지. 전기를 띤 알갱이들이 자기장에 붙들려 와 행성 대기와 충돌해서 빛나는 게 오로라거든. 오로라가 화려한 걸 보니 목성은 자기장이 아주 강하군."

쿵샤르가 말했다.

"지잉, 목성은 지구보다 자기장이 2만 배나 강합니다."

"그러고 보니 화성 옆에 거대한 목성이 버티고 있다는 건 참 다행이야. 이봐, 지구인들, 너희도 목성에 감사해야 할 거야."
쿵샤르가 나대용을 돌아보며 말했다.
"어째서요?"

"어째서긴. 지구로 향하는 운석과 소행성을 목성이 끌어들이고 있잖아. 목성은 지구의 매를 대신 맞아 주는 행성인 셈이라고."

팡소로가 먼저 대답했다. 나대용은 목성을 다시 한번 바라보았다. 커다란 목성이 듬직해 보였다.

두 번째로 찾은 곳은 이오보다 좀 작은 위성이었다. 나중에 알고 보니 그곳은 '유로파'였다. 놀랍게도 유로파는 표면이 얇은 얼음으로 덮여 있었다. 나무뿌리처럼 복잡하게 얽힌 줄무늬도 보였다. 기묘박사는 그곳 어딘가에서 액체가 뿜어 나오는 것 같다고 보고했다. 쿵샤르는 자리에서 벌떡 일어서며 말했다.

"액체라고? 그럼 지하에 바다가 있다는 이야긴가? 착륙해서 조사해 봐야겠다."

하지만 기묘박사는 착륙을 거부했다.

"지잉, 연료가 충분치 않아 더 이상 행성에 착륙할 수 없습니다."

"어머, 얘 뭐야? 지금 쿵샤르 님 말씀을 거역하겠다는 거야? 목성에서 연료를 좀 많이 쓰긴 했지만 넌 핵연료를 쓰는 데다 파워 엔진이 5개나 있잖아. 적은 연료로도 멀리 비행할 수 있도록 만든 절약형 파워 엔진 말이야!"

팡소로가 흥분해서 소리쳤다.

"지잉, 현재 파워 엔진은 3개뿐입니다. 착륙과 이륙에는 많은 연료가 소모됩니다. 착륙과 이륙 금지는 나르 행성으로 안전하게 돌아가기 위해 꼭 필요한 조치임을 말씀드립니다."

기묘박사가 말했다. 순간 쿵샤르의 표정이 어두워졌다. 쿵샤르는 재빨리 기묘박사의 각종 장치를 점검했다. 그리고 파워 엔진 2개와 태양에서 망가졌던 통신 장치가 다시 망가진 사실을 확인했다.

"목성에서 입은 피해가 크군. 바람도 바람이지만 목성 둘레에 존재하는 강한 방사능도 이겨 내기가 쉽지 않았을 거야."

쿵샤르가 말했다. 그리고 혼자서 생각했다.

'한데 어째서 기묘박사는 그 사실을 바로 보고하지 않았을까? 방사능에 인공 지능 시스템까지 손상을 입은 걸까?'

어찌 되었든 유로파에 착륙하는 건 포기할 수밖에 없었다. 기묘박사는 먼발치에서 유로파의 사진을 몇 장 찍고는 쿵샤르의 명령도 기다리지 않고 서둘러 다음 위성으로 날아갔다.

세 번째 위성은 수성보다도 컸다. 나대용은 그 위성의 이름이 '가니메데'이며, 태양계에 있는 위성 중에서 가장 큰 위성이라는 사실을 나중에 나비에게 듣고 알았다. 가니메데는 표면이 꽁꽁 얼어 있었고 수많은 구덩이가 보였다. 쿵샤르는 가니메데를 좀 더 가까이에서 살펴보고 싶어 했지만, 기묘박사는 가니메데로 향하는 듯하더니 그대로 다음 위성으로 가 버렸다.

네 번째 위성은 매우 어두워 보였다. 표면은 마치 달처럼 수많은 크레이터로 덮여 있었다. 하지만 이오에서처럼 폭발하는 화산은 보이지 않았다. 기묘박사는 그 위성을 한 바퀴 돌고는 바로 떠나 버렸다. 팡소로는 어이가 없다는 듯 쿵샤르를 바라보았다.

"인공 지능 시스템에 약간의 문제가 있는 것 같군. 프로그램을 손보면 될 거야. 그러니 크게 걱정할 필요는 없어."

쿵샤르는 별일 아니라는 듯 애써 미소를 지어 보였다. 하지만 저도 모르게 눈알이 데굴데굴 돌아가는 건 어쩔 수 없었다.

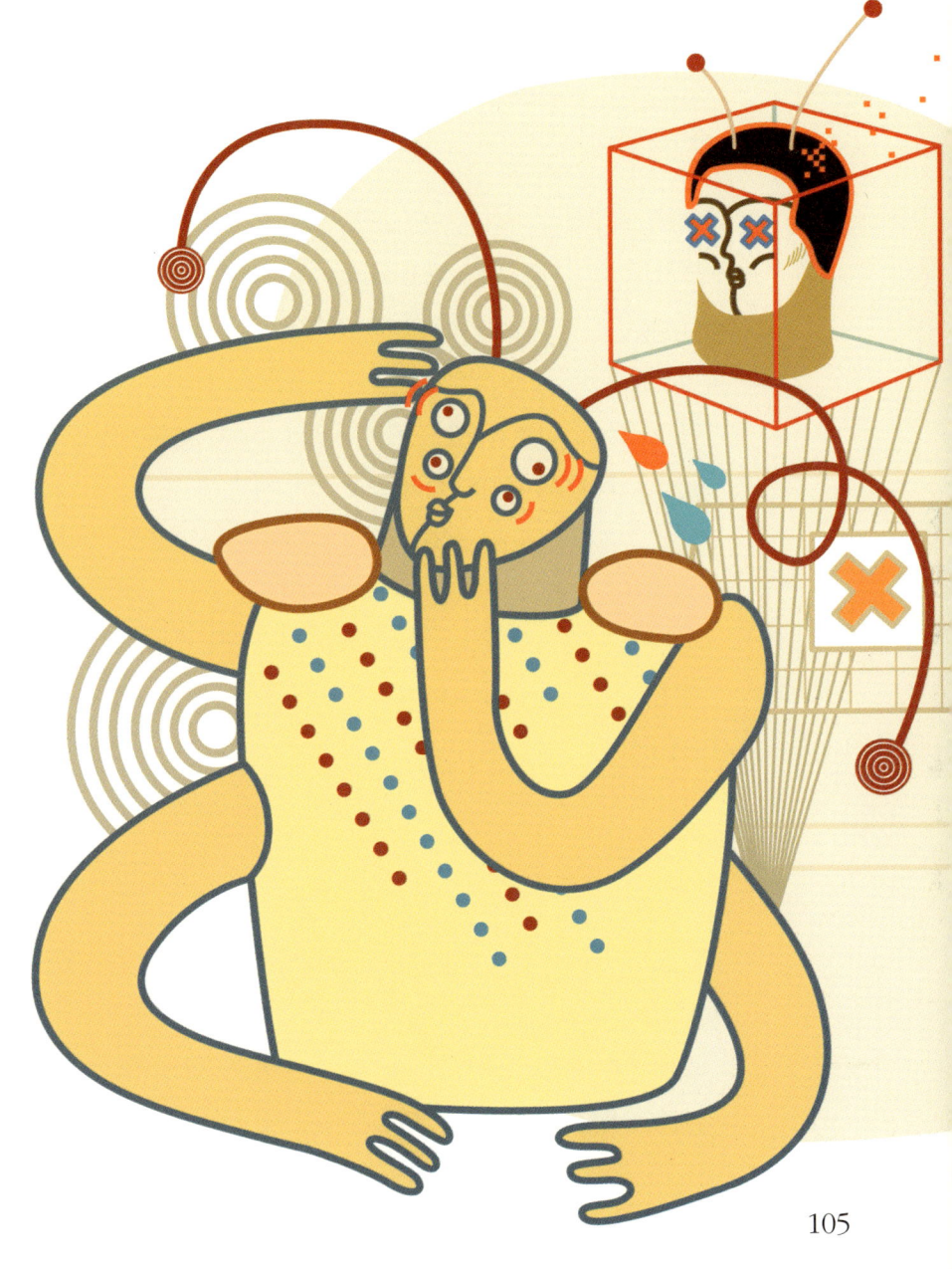

쿵샤르의 태양계 탐사 일지

태양계에서 가장 큰 행성, 목성 − 6873아뜨 411나르

소행성대를 무사히 통과하여 목성에 도착했다. 목성은 지금까지 봤던 태양계 행성 중에서 가장 크다. 하지만 목성을 이루고 있는 건 대부분 기체라 착륙할 땅이 없었다! 당연히 목성은 제2의 나르 행성이 될 수 없지만, 우리가 지구든 화성이든 태양계로 이주하게 된다면 목성에 대해 잘 알아 둘 필요가 있다.

목성

태양으로부터의 거리 약 7억 7830만 km. 지구와 태양 사이 거리의 5.2배다.

크기 목성의 지름은 약 14만 km로 지구 지름의 약 11배, 부피는 지구의 약 1300배나 된다. 만약 목성의 속이 비어 있다면 태양계의 모든 행성을 목성 안에 다 넣을 수 있다.

대기 목성을 이루고 있는 것은 대부분 수소와 헬륨이며, 약간의 암모니아와 메탄도 섞여 있다. 가장 바깥 대기는 암모니아 구름이다. 목성 표면에는 항상 강한 바람이 불고 있다.

기온 평균 영하 148℃.

중력 목성의 중력은 지구 중력의 약 2.5배.

자기장 지구 자기장의 약 2만 배. 자기장이 매우 강해서 극지방에 아름다운 오로라가 생긴다.

자전과 공전 자전하는 데는 10시간이 채 안 걸린다. 그러나 태양 둘레를 공전하는 데는 12년 가까이 걸린다.

고리 먼지로 이루어진 가늘고 어두운 띠가 목성을 둘러싸고 있다.

위성 79개.(기묘박사가 센 것으로, 더 많을 수도 있다.) 우리는 그중 가장 큰 4개의 위성을 돌아보았다. 지구인 꼬마의 말로는 이 위성들의 이름이 각각 이오, 유로파, 가니메데, 칼리스토이며 이 위성들을 처음 발견한 지구인의 이름을 따서 '갈릴레이 위성'이라고 부른다고 한다. 이 중 유로파는 지하에 바다가 있을지도 모른다.

▶소행성대에는 케레스라는 왜행성이 있다고 한다. 지름 930km, 달의 1/4 크기로 소행성대에서 가장 큰 천체라는데 아쉽게도 보지 못했다.

▶목성에서 입은 피해가 생각보다 크다. 강한 바람에 휩쓸려 많은 연료를 소모한 데다 바람과 지독한 방사능으로 인해 파워 엔진 2개가 망가졌다. 이 때문에 당분간 기묘박사는 착륙과 이륙이 불가능하며 행성 탐사에도 제한을 받게 되었다. 통신 장치도 망가져 다른 행성과의 통신이 불가능하다. 이 밖에 명령 전달과 수행이 불안정한 걸로 보아 인공 지능 시스템에도 문제가 생긴 게 분명하다. 아마도 프로그램을 손보아야 할 것 같다. 팡소로에게 큰소리를 치긴 했지만 프로그램은 정말 자신 없는데…… 본부와 통신도 불가능한 상황에서 나 혼자 프로그램을 복구할 수 있을까? 걱정, 걱정.

궁금해! 궁금해!

소행성, 재앙일까, 선물일까?

소행성은 행성처럼 태양 주위를 돌고 있지만 행성에 비해 크기가 작은 천체를 말해. 소행성은 크기가 작아 중력이 충분하지 않기 때문에, 행성처럼 둥근 공 모양을 이루지 못하고 찌그러진 모양이 많아. 궤도도 원형이 아니라 긴 타원형이 대부분이야. 때로는 궤도에서 벗어나 태양 쪽이나 목성 같은 행성 쪽으로 끌려가기도 하지. 그런데 이렇게 보잘것없어 보이는 소행성을 연구하기 위해 과학자들이 무척 애쓰고 있대. 왜 그럴까?

우선 소행성은 지구의 안전을 위협하는 위험한 존재이기 때문이야. 특히 긴 타원형 궤도를 돌면서 지구 궤도 안쪽으로 들어왔다 나갔다 하는 소행성은 매우 위험해. 잘못하면 지구와 충돌할 수도 있기 때문이지. 물론 크기가 매우 작은 소행성이라면 괜찮아. 하지만 지름이 1km 이상인 소행성이 충돌한다면 커다란 운석 구덩이가 생기고 지구의 기후가 바뀌는 등 큰 재앙이 생길 수 있어. 실제로 6500만 년 전 지구 곳곳이 꽁꽁 얼어 버리고 공룡이 멸종한 것도 지름 10km인 소행성이 충돌했기 때문이라고 주장하는 학자들이 많아. 그래서 과학자들은 소행성의 궤도가 어떻게 변하는지 알아내려고 열심히 연구하고 있어.

하지만 소행성이 우리에게 재앙이기만 한 건 아니야. 소행성을 이루고 있는 물질은 다 제각각인데, 어떤 소행성은 니켈이나 철같이 매우 쓸모 있고 값비싼 금속으로 이루어져 있대. 그래서 언젠가 소행성의 금속을 캐내러 우주선을 보낼지도 모른다지 뭐야.

그뿐만 아니라 소행성은 태양계의 타임캡슐이기도 해. 소행성은 대부분 태양계가 만들어질 때 생겼기 때문에 소행성을 연구하면 태양계의 탄생에 대해 많은 것을 알아낼 수 있대.

그런데, 소행성에도 이름이 있다는 거 알아? 소행성은 발견한 시기와 순서에 따라 고유 번호가 매겨지는데, 처음 발견한 사람이 원하면 직접 이름을 붙일 수 있대. 그 중 우리 선조인 '홍대용' 할아버지 이름을 붙인 소행성도 있다는 사실! 그 얘기를 듣고 얼마나 자랑스러웠는지……. 홍대용 할아버지 말고도 최무선, 이천, 장영실, 이순지, 허준, 김정호 같은 우리 옛 과학자, 기술자들의 이름이 소행성에 붙여졌다고 해.

앗, 그러고 보니 소행성대를 지날 때 나도 내 이름을 딴 소행성 하나쯤 만들어 놓을 걸 그랬나?

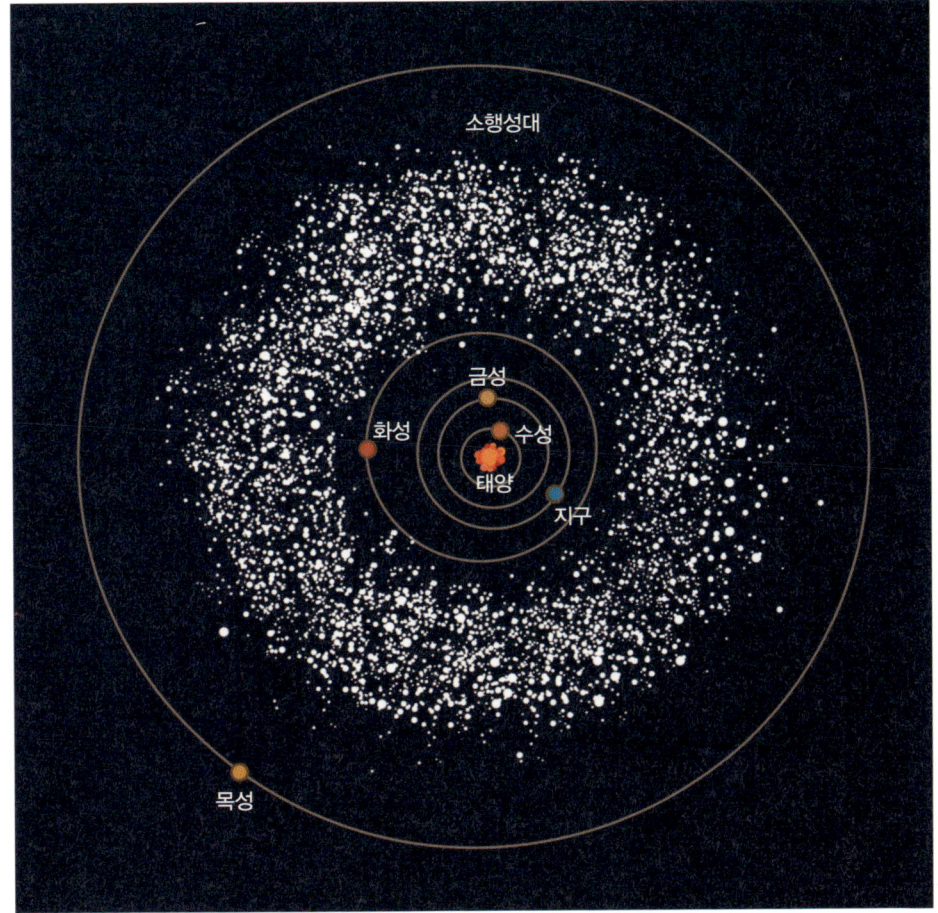

제8장
발각되다

쿵샤르는 복잡한 그림과 기호로 가득한 화면을 앞에 두고 앉았다 일어났다를 여섯 번쯤 하더니 방해가 된다며 모두 방으로 돌려보냈다.

"설마 기묘박사가 아주 고장 난 건 아니겠지? 아, 몰라 몰라. 쿵샤르 님이 걱정 말라고 하셨으니까 뭔가 방법이 있겠지. 난 잠이나 잘래."

팡소로는 중얼거리며 팔을 축 늘어뜨린 채 자기 방으로 가 버렸다. 나대용과 홍순용 여사도 불안한 마음을 안고 노란 방으로 돌아왔다.

"계속해서 기묘박사가 멋대로 움직이면 어떡하지? 저러다 길을 잃는 다든지 단박에 나르 행성으로 날아간다든지 하면?"

나대용은 울상이 되었다. 그러자 나비가 말했다.

"설마…… 쿵샤르가 고치고 있잖아."

"암만, 게다가 기묘박사는 인공 지능 로봇인가 뭔가라며? 그럼 컴퓨터처럼 똑똑한 거 아니여? 그런디 길을 잃기야 하겠냐."

홍순용 여사도 애써 나대용을 안심시켰다.

"그렇겠지? 이왕이면 토성에 도착하기 전에 다 고치면 좋겠다. 난 멋진 고리가 있는 토성을 꼭 자세히 보고 싶거든."

나대용의 목소리가 한층 밝아졌다. 그러자 나비가 말했다.

"걱정 마. 토성까지 가려면 태양에서 목성까지 거리만큼을 가야 하니까 고칠 시간은 충분할 거야. 아, 나도 멋진 고리를 보고 싶다."

나비가 한숨을 쉬자 나대용이 말했다.

"같이 보자. 잘 얘기하면 팡소로도 쿵샤르도 너를 해치진 않을 거야."

"그려, 여지껏 나랑 대용이한테 하는 것만 봐도 그렇게 모진 놈들은 아니여."

홍순용 여사도 고개를 끄덕였다.

"정말 괜찮을까?"

나비는 선뜻 마음을 정하지 못했다. 나대용은 그런 나비를 물끄러미 바라보다가 갑자기 나비를 집어 자기 머리 위에 올려놓았다.

"그럼 여기서 보는 건 어때?"

"오호라, 검은 것이 검은 것 속에 있으니 감쪽같구먼."

홍순용 여사는 무릎을 쳤다.

"윽, 냄새! 너 머리 언제 감은 거야? 하지만 토성을 보려면 이 정도는 참아야겠지?"

나비가 엄살을 부리며 말했다. 그때 갑자기 팡소로가 들어왔다.

"뭐가 그렇게 재미있어?"

팡소로는 심통이라도 난 듯 무뚝뚝하게 말했

다. 나대용과 홍순용 여사는 당황하여 아무 말도 할 수 없었다. 나비는 화들짝 놀라서 머리카락 속으로 더 파고들었다.

"걱정이 돼서 잠이 안 와. 나도 여기 같이 있을래."

팡소로가 말했다.

"그, 그려. 다 같이 한숨 자자. 자고 일어나면 쿵샤르가 부르겠지."

홍순용 여사는 팡소로의 팔을 잡아끌었다. 나대용은 곁눈질로 팡소로의 표정을 살폈다. 다행히 아무것도 모르는 눈치였다.

'나비를 못 본 게 분명해. 휴, 다행이다!'

나대용은 가만히 한숨을 내쉬었다.

3나르가 지나도록 쿵샤르에게 아무 소식이 없자 팡소로는 안절부절 못했다.

"저러다 쿵샤르 님까지 쓰러지면 어떡해?"

"허긴, 그동안 먹지도 않고 저러고 있으니……."

홍순용 여사도 걱정이 되었다.

"더 이상은 못 참겠어. 조종실에 가 보자."

팡소로가 말했다.

"그, 그래. 가, 가 보자."

나대용도 일이 어찌 되어 가는지 궁금했지만 막상 나비를 머리에 얹고 조종실에 가려니 조마조마해서 저도 모르게 말을 더듬었다.

셋이 조종실에 들어서자 의자에 널브러져 있던 쿵샤르는 황급히 몸을 일으켜 세우고 뒤를 휙 돌아보았다. 쿵샤르와 눈이 마주친 나대용은 가슴이 철렁했다.

"스읍, 무슨 일이지?"

쿵샤르는 입가에 흘러내린 침을 들이마시며 물었다.

"저어, 프로그램 복구는 어떻게……."

팡소로가 조심스럽게 말을 꺼냈다.

"그야 당연히 끝났지. 뭐, 간단한 작업이었으니까."

쿵샤르는 벽이며 천장에 늘어놓았던 자료를 허겁지겁 닫으며 말했

다. 그러고는 벌겋게 충혈된 눈으로 나대용과 홍순용 여사를 힐끗 쳐다보았다. 나대용과 홍순용 여사는 또 한 번 가슴이 철렁했다.

"그럼 기묘박사는 이제 정상인가요?"

팡소로가 묻자 쿵샤르가 대답했다.

"망가진 파워 엔진 2개는 수리가 불가능하다. 연료도 넉넉하진 않아. 태양계를 마저 탐사하고 나르 행성까지 갈 순 있지만 기묘박사 말대로 행성에 착륙하고 이륙하는 것은 피해야 해. 통신 장치도 당분간은 수리할 수 없으니 나르 행성과의 통신도 불가능하지. 하지만 다른 문제는 없어. 이제 기묘박사는 정상이다."

나대용은 '이제 기묘박사는 정상이다.'라는 말만 겨우 알아들었다. 나비에게 온 신경이 집중되어 아무 생각도 할 수 없었던 것이다. 몸은 작아지고 머리는 커져서 마치 머리만 남은 느낌이었다. 나비는 머리카락

속에서 꼼짝 않고 눈으로만 조종실 안을 살피고 있었다.

　얼마 안 있어 행성 하나가 모습을 나타냈다. 행성을 둘러싸고 있는 아름다운 고리도 눈에 띄었다.
　"드디어 나타났다. 저게 토성이지? 고리가 아주 크네."
　팡소로는 오랜만에 행성을 보자 매우 반가워했다.
　"지잉, 앞으로 1째깍 후면 토성에 도착합니다."
　기묘박사가 보고했다.
　"서두르지 말고 천천히 다가가도록!"
　쿵샤르가 주의를 주었다. 아무도 나비에 대해 눈치채지 못한 것 같았다. 긴장이 풀린 나대용은 그제야 토성이 눈에 들어왔다.

"우아, 토성이야!"

나대용의 말에 팡소로가 이상하다는 듯 돌아보았다.

"너, 어디 갔다 왔냐? 왜 이제 와서 그래?"

나대용은 말없이 어색한 웃음을 지어 보였다.

토성에 좀 더 가까이 다가가서 보니, 넓적한 원판처럼 보였던 고리는 사실 수많은 가느다란 고리가 모여 있는 것이었다.

"와, 고리 좀 봐! 멋지다! 컴퓨터로 그린 정교한 그림 같아."

나대용은 절로 입이 벌어졌다. 토성에 더욱 가까워지자 토성의 고리를 이루는 암석과 먼지와 얼음덩어리가 보였다.

"목성의 고리처럼 그냥 먼지일 줄 알았더니 암석에 얼음덩어리까지……. 이거 소행성대를 지날 때보다 더 위험한 거 아니야? 기묘박사, 조심해. 정신 바짝 차리라고!"

팡소로가 소리쳤다. 하지만 기묘박사는 느긋했다.

"지잉, 별로 위험할 건 없습니다. 고리는 얇게 퍼져 있기 때문에 고리를 통과할 필요 없이 고리 위로 날아가면 되니까요. 굳이 고리를 통과하고 싶다면 고리와 고리 사이에 있는 틈을 지나면 그뿐입니다."

"그, 그렇군."

기묘박사의 말에 팡소로는 머쓱한 표정을 지었다.

기묘박사는 고리 바로 위를 날아갔다. 고리를 이루고 있는 암석과 얼음덩어리는 코딱지만 한 것부터 자동차보다 큰 것까지 크기가 제각각이었다. 종종 고리와 함께 토성 주위를 돌고 있는 위성도 보였다. 폭이 수만 km나 되는 넓은 고리를 하나하나 지나는 동안 기묘박사는 점점 더 토성과 가까워졌다. 그러자 나비는 저도 모르게 소리를 지르고 말았다.

"안 돼! 더 이상 토성 가까이 가면 안 돼!"

순간 모두 놀라서 나대용을 바라보았다. 기묘박사도 놀라서 속도를 늦추고 토성 주위를 돌기 시작했다. 나대용은 얼어붙은 듯 꼼짝 않고 제자리에 서 있었다.

"너 왜 그래? 왜 안 된다는 거야?"

팡소로가 나대용을 보며 물었다. 하지만 기묘박사는 그 목소리의 주인이 나대용이 아니라는 걸 알아차렸다.

"지잉, 지구인의 목소리가 아닙니다."

"그럼 누구냐?"

쿵샤르가 조종실 안을 둘러보며 말했다. 나대용은 심장이 쿵쾅쿵쾅 뛰었다. 홍순용 여사는 다리가 풀려서 곧 주저앉아 버릴 것만 같았다.

"기묘박사, 모든 탐지 장치를 동원해서 소리의 주인을 찾아내!"

쿵샤르의 명령에 나비는 하는 수 없이 머리카락 속에서 기어 나왔다.

"나야, 내가 그랬어. 또다시 바람에 휩쓸릴까 봐……. 토성은 목성보다 바람이 더 강하다고 했거든."

나비는 용기를 내어 말했다. 쿵샤르와 팡소로는 목소리의 주인공을 보기 위해 나대용 곁으로 성큼 다가갔다. 나대용은 침을 꼴깍 삼켰다.

"죽이면 안 돼! 나비는 우리 친구여. 그동안 쭈욱 우리를 도와줬고, 태양계에 대해서도 우리보다 더 잘 알아."

홍순용 여사가 다급하게 외쳤다. 이때 팡소로가 나비를 보자마자 이렇게 소리쳤다.

"어머, 너무 귀엽다!"

마음속으로 각오를 단단히 하고 있던 나비는 어안이 벙벙했다. 나대용과 홍순용 여사도 놀란 눈으로 팡소로를 쳐다보았다.

"알에서 막 깨어난 아기 나르인 같아. 그렇지 않습니까, 쿵샤르 님?"

"흠흠, 좀 닮긴 했군. 그래도 용서할 수 없다! 감쪽같이 나를 속이다니……."

쿵샤르는 나비를 외면한 채 단호하게 말했다. 나대용과 홍순용 여사의 얼굴이 다시 굳어졌다. 그때 기묘박사가 말했다.

"지잉, 저 생명체의 말이 맞습니다. 목성에서와 같이 줄무늬와 소용돌이무늬가 보이는 것으로 보아 토성 표면에도 강한 바람이 불고 있는 게 분명합니다."

"휘유, 생각만 해도 아찔하네. 또다시 바람에 휩쓸렸다면 탐사고 뭐고 나르 행성에 영영 못 돌아가게 됐을지도 몰라. 안 그렇습니까, 쿵샤르 님?"

팡소로가 말했다.

"흠, 하는 수 없군. 우리를 위기에서 구했으니 이쪽도 한 번은 용서해 주는 수밖에."

쿵샤르의 말에 나대용과 홍순용 여사는 그제야 가슴을 쓸어내렸다.

"귀염둥이, 이제 살았다. 우리도 살고, 너도 살고."

팡소로는 나비를 쓰다듬으며 기뻐했다.

기묘박사는 서둘러 토성 탐사를 마무리하고, 토성의 위성 타이탄을 향해 날아갔다. 토성도 목성만큼이나 위성이 많았지만 쿵샤르는 주저 없이 타이탄을 선택했다. "토성의 위성 중에서 가장 큰 건 타이탄이야. 얼마 전 지구에서 보낸 탐사선이 타이탄에서 호수를 발견했다고 한 것 같은데?"라고 나비가 말했기 때문이다. 타이탄은 토성에서 120만 km쯤 떨어져 있었다.

"지잉, 지름 5150km. 수성보다 약간 큽니다. 중력은 지구의 위성인 달의 2배 정도입니다. 두꺼운 대기 때문에 표면은 보이지 않습니다."

기묘박사가 보고하자 쿵샤르가 물었다.

"위성 중에 두꺼운 대기가 있는 건 처음이군. 설마 목성이나 토성처럼 대기만 있고 땅은 없는 건 아니겠지?"

"지잉, 아닙니다. 모습은 볼 수 없지만 대기 아래 단단한 표면이 있는 건 확실합니다."

"타이탄의 표면 상태를 꼭 확인하고 싶은데…… 무슨 방법이 없을까?"

쿵샤르가 타이탄의 오렌지 빛 대기를 바라보며 말했다.

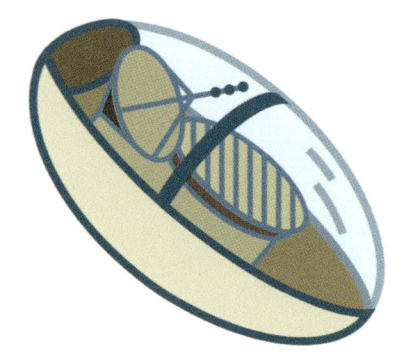

"지잉, 착륙하는 것 말고는 방법이 없습니다. 하지만 아시다시피 연료 부족으로 착륙은 불가능합니다."

쿵샤르는 한동안 말없이 눈알을 굴려 댔다. 그러고는 마침내 결심한 듯 이렇게 말했다.

"캡슐을 떨어뜨려야겠다."

"네? 캡슐을요?"

팡소로가 놀라서 되물었다. 기묘박사도 경고했다.

"지잉, 캡슐은 위급할 때 탈출할 수 있는 유일한 방법입니다."

"알고 있어. 하지만 한 대가 더 있잖아. 캡슐에 카메라와 전송 장치를 실어서 착륙시킨다."

쿵샤르의 결정에 팡소로도 기묘박사도 입을 다물었다.

캡슐은 오렌지 빛 대기 속으로 빨려들 듯 사라졌다. 이윽고 화면에 타이탄의 표면이 모습을 드러냈다. 넓게 펼쳐진 모래땅에 동글동글한 돌멩이가 군데군데 놓여 있었다.

"지잉, 대기는 대부분 질소이고 메탄과 아르곤이 약간 섞여 있습니다. 메탄 구름도 있습니다. 현재 타이탄의 기온은 영하 180℃입니다."

기묘박사는 캡슐이 떨어지면서 보내온 정보를 즉시 분석해 주었다.

"구름이 있다면 비도 내리는 거야?"

팡소로의 물음에 쿵샤르가 먼저 대답했다.

"아마도 때때로 메탄 비가 내리겠지. 지구인들이 발견했다는 호수도 메탄 호수일 거야."

"메탄이면 방귀에 들어 있는 메탄가스 아니여? 그럼 기체인디?"

홍순용 여사가 고개를 갸웃거리자, 쿵샤르가 말했다.

"그건 지구에서의 얘기고, 여긴 영하 180℃인 타이탄이야. 메탄은 당연히 액체라고."

"돌멩이가 강가의 돌멩이처럼 동글동글해. 저기 검게 보이는 게 혹시 강 아니야? 호수는 어디 있을까?"

팡소로는 화면을 살피며 말했다.

"와, 비도 오고, 호수도 있고, 강물까지 흐른다고? 지구랑 똑같잖아."

눈이 휘둥그레진 나대용의 말에 나비가 대답했다.

"물이 아니라 메탄이라는 것만 빼면 그렇지. 타이탄의 대기는 오래전 지구랑 아주 비슷한 것 같아. 지구에 생명체가 막 생겨나기 시작했을 때 말이야. 뭐, 지구는 타이탄처럼 춥진 않았지만."

"그렇다면 타이탄에도 생명체가 살 가능성이 크군. 어쩌면 타이탄이야말로 우리가 찾고 있는 천체일지도 모른다. 이제 막 생명체가 살기 시작한 자연 그대로의 천체! 그런데 착륙을 하지 못하다니……."

쿵샤르는 무척이나 안타까워했다. 기묘박사의 재촉으로 타이탄을 떠나면서도 쿵샤르는 오래도록 타이탄에서 눈을 떼지 못했다.

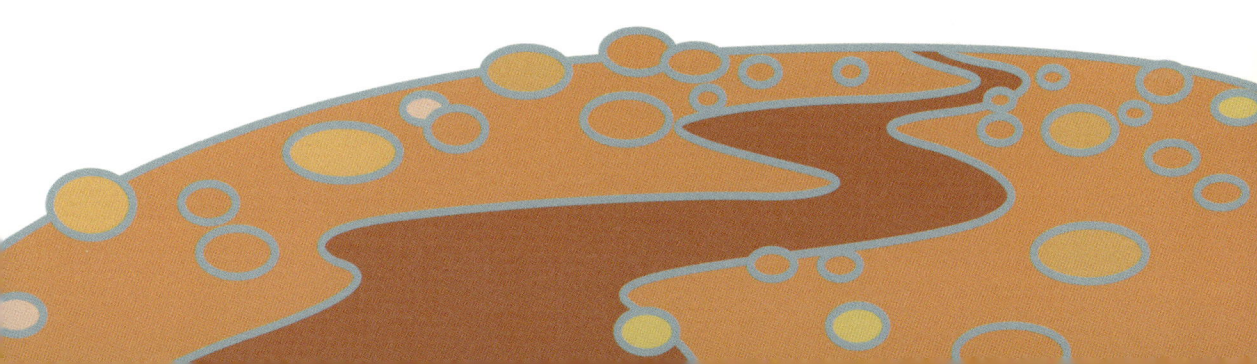

쿵샤르의 태양계 탐사 일지

볼거리 많은 토성 - 6873아뜨 419나르

화려한 고리를 두른 토성이 천천히 태양 주위를 도는 모습은 매우 아름다웠다. 하지만 토성도 목성처럼 기체로 이루어진 데다 목성보다 더 강한 바람이 부는 위험한 행성이었다. 그래서 우리는 간단한 조사만 끝내고 서둘러 토성의 위성인 타이탄으로 날아갔다. 타이탄은 어쩌면 나르인에게 꼭 필요한 천체일지도 모른다.

토성

태양으로부터의 거리 약 14억 2670만 km. 지구와 태양 사이 거리의 9.5배이다.

크기 지름 11만 6464km로 지구의 9.1배, 부피는 지구의 약 760배로 목성 다음으로 크다. 하지만 질량은 지구의 95배 정도로 크기에 비하면 매우 가볍다.

대기 토성도 목성처럼 대부분 수소와 헬륨, 그리고 약간의 암모니아와 메탄으로 이루어져 있다. 토성 표면에는 목성보다도 더 강한 초고속 강풍이 불고 있다.

기온 평균 영하 178℃.

자기장 지구의 약 600배. 기묘박사가 자외선 사진을 찍으니 오로라가 보였다.

자전과 공전 자전 주기 10시간 40분, 공전 주기는 29년하고도 6달.

고리 토성의 고리는 여러 개로 나뉘어져 있으며, 폭이 매우 넓고 두께는 얇아서 원반처럼 보인다. 고리를 이루고 있는 건 먼지와 크고 작은 암석, 얼음 알갱이들이다.

위성 토성도 목성 못지않게 위성이 많다. 기묘박사가 센 것만 해도 82개였다. 우리는 그중에서 가장 큰 위성인 타이탄을 탐사했다.

〈타이탄〉

크기 지름이 약 5150km로 목성의 위성 가니메데 다음으로 큰 위성이다.

대기 위성 중에서는 드물게 짙은 대기가 있다. 대기는 대부분이 질소이며 메탄과 에탄도 약간 섞여 있다.

기온 영하 180℃ 정도.

특징 표면이 얼음과 암석으로 이루어져 있다. 바람이 지나간 흔적이 남아 있는 모래 언덕도 발견되었다. 액체 메탄으로 이루어진 호수와 강도 있는 것으로 보인다. 에탄과 메탄으로 이루어진 주황색 구름이 있는 것으로 보아 메탄 비도 내릴 것이다.

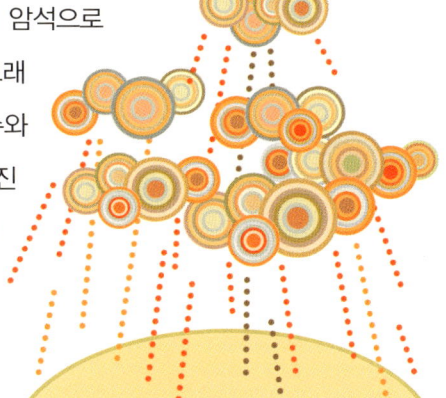

▶기묘박사 안에 또 하나의 생명체가 타고 있었다는 사실! '바퀴벌레'라는 지구 생명체로, 아기 나르인을 닮아 정말 귀엽다.

▶연료 부족 때문에 타이탄에 착륙하지 못한 것이 매우 아쉽다. 캡슐을 떨어뜨려 간단한 조사를 하긴 했지만 어떻게 해서든 직접 탐사해 보고 싶다. 무슨 방법이 없을까?

궁금해! 궁금해!

토성은 어떻게 멋진 고리를 갖게 되었을까?

토성은 아름다운 고리가 있어. 토성이 태양계에서 가장 아름다운 행성이라고 불리는 건 다 고리 덕분이지. 토성의 고리는 어떤 모양일까? 토성은 어떻게 해서 멋진 고리를 갖게 되었을까?

토성의 고리는 멀리서 보면 한 장으로 된 원반처럼 보여. 하지만 가까이 가서 보면 고리가 여러 개로 나뉘어져 있어.

고리 중에서 가장 잘 보이는 A, B, C 고리는 크고 작은 얼음 알갱이로 이루어져 있어. A 고리에서 C 고리까지는 폭이 6만 km나 돼. 토성의 반지름과 거의 같은 길이지. 하지만 고리의 두께는 수십~수백 km밖에 안 돼. 그래서 멀리서 보면 고리가 얇은 판처럼 보이는 거야. 이렇게 폭에 비해 두께가 얇다 보니 지구에서 망원경으로 보면 15년에 한 번씩은 고리가 사라진 것처럼 보이기도 한단다.

D, E, F, G 고리는 아주 가느다랗거나 두께가 매우 얇아서 어두워 보여. 특히 E 고리는 아주 흐릿하지.

2006년에는 NASA(미국 항공 우주국)에서 보낸 카시니 토성 탐사선이 새로운 고리 2개를 더 발견했어. 하나는 F 고리와 G 고리 사이에, 또 하나는 G 고리와 E 고리 사이에 있었지. 새로 발견한 고리에는 위성도 있었는데, 과학자들 말로는 이 위성에 운석이 충돌하면서 생긴 먼지와 알갱이들이 고리를 만들었을 거래.

그럼 다른 고리들은 어떻게 생겨났을까? 어떤 과학자들은 토성이 처음 만들어질 때 주위에 있던 가스 원반이 고리를 만들었을 거라고 해. 그런가 하면 토성이 먼저 만들어지고 나서 토성 가까이 온 작은 천체가 부서져 그 부스러기들이 고리를 만들었다고 주장하는 과학자도 있어. 아직까지 어느 쪽 말이 맞는지는 밝혀지지 않았단다.

토성의 고리들. 발견된 순서대로 알파벳 이름을 붙였다.
A와 B 고리 사이의 빈틈인 카시니 간극은 폭이 약 4700km에 이른다.

E

D C B A F G

카시니 간극

제9장
머나먼 행성

천왕성까지는 꽤 멀었다. 며칠이 지나도 행성이 나타나지 않자 팡소로가 투덜댔다.

"왜 아직도 안 보여? 대체 얼마나 먼 거야?"

"천왕성의 궤도는 토성의 궤도에서 14억 km 넘게 떨어져 있어. 그러니까 토성에서 천왕성으로 가려면 거의 태양에서 토성까지 온 만큼을 가야 해. 아니, 그것보다 더 멀겠다. 왜냐하면 토성이랑 천왕성이 늘 사이좋게 나란히 태양 주위를 도는 게 아니니까."

나비가 말했다. 그러자 홍순용 여사가 고개를 끄덕였다.

"그렇게 멀리 있으니 잘 보이지도 않고, 있는 줄도 몰랐지. 그래서 옛날에는 5행성이라고 안 혔냐. 수성, 금성, 화성, 목성, 토성, 이렇게 다섯 행성만 있는 줄 알고 말이여."

"그럼 지구인들은 천왕성이 있다는 걸 언제 어떻게 알아냈지?"

쿵샤르가 물었다.

"천왕성이 발견된 건 약 240년 전이야. 윌리엄 허셜이라는 천문학자가 망원경으로 천왕성을 찾아냈어. 천왕성은 지구에서 맨눈으로도 보이긴 하지만 워낙 어두워서 오랫동안 발견하지 못했던 거야."

나비가 대답했다.

"그럼 혹시 우리가 천왕성의 첫 손님인가?"

팡소로가 들뜬 얼굴로 말하자 나비가 대답했다.

"아쉽게도 그건 아니야. 지구인들이 보낸 보이저 2호가 1986년에 이미 천왕성에 도착했거든."

"에이, 뭐야. 지구인들, 꽤 하는데?"

팡소로가 아쉬운 표정으로 말하자 나대용은 괜히 어깨가 으쓱했다.

얼마 후, 드디어 행성 하나가 모습을 드러냈다.

"저게 천왕성이야? 꼭 캄캄한 우주에 동그란 구멍이 난 것 같네."

팡소로가 말했다.

"내가 보기엔 거대한 탁구공 같은데?"

이번엔 나대용이 말했다.

"무슨 소리여. 귀한 옥구슬 같구먼."

홍순용 여사도 한마디 했다.

"다들 자기가 보고 싶은 대로 본다니까."

나비가 깔깔댔다.

그때 잠자코 있던 쿵샤르가 기묘박사에게 물었다.

"기묘박사, 언제 비행 방향을 바꾸었지?"

"지잉, 그런 적 없습니다. 행성들이 태양을 공전하는 궤도면과 나란히 비행하고 있습니다."

"그런데 어째서 천왕성의 고리가 위아래로 걸쳐 있을까?"

쿵샤르의 말에 모두들 다시 한번 천왕성을 살펴보았다. 그러자 가느다란 고리가 천왕성을 위아래로 둘러싸고 있는 모습이 눈에 들어왔다.

"지잉, 고리만 그런 게 아닙니다. 천왕성 자체도 위아래로 자전하고 있습니다."

기묘박사가 말했다.

"위아래로 돈다고?"

기묘박사의 말에 모두 눈을 동그랗게 뜨고 되물었다.

"맞아, 다른 행성은 다 팽이처럼 서서 돌지만 천왕성은 자전축이 심하게 기울어져 있어서 누워서 도는 것 같댔어. 책에서 본 기억이 나."

나비가 말했다.

"그럼 천왕성은 삐딱이 행성이네."

나대용은 그런 천왕성이 재미있었다.

"그런데 왜 자전축이 기울어졌지?"

쿵샤르는 고개를 갸웃거렸다.

"누구한테 한 방 얻어맞은 거 아닐까요? 퍽!"

팡소로는 주먹으로 자기 머리를 치는 시늉을 했다. 그러자 기묘박사가 빈정대며 말했다.

"지잉, 과연 팡소로 님다운 생각이십니다."

하지만 나비는 진지하게 말했다.

"지구의 과학자들도 비슷하게 생각하던걸. 천왕성이 다른 천체와 쾅 부딪치는 바람에 자전축이 기운 거라고 말이야."

순간 팡소로는 홈런을 친 야구 선수처럼 의기양양한 표정이 되었다.

기묘박사는 천왕성을 더 자세히 관찰하기 위해 좀 더 가까이 다가갔다. 하지만 청록색 대기 말고는 보이는 게 아무것도 없었다. 매끈한 표면에는 줄무늬 하나 눈에 띄지 않았다.

"속을 알 수 없는 깊은 바다를 보는 것 같구먼."

홍순용 여사가 말했다. 하지만 기묘박사는 천왕성의 푸른빛이 바다가 아니라 메탄 때문이라고 알려 주었다.

"지잉, 천왕성의 대기는 수소와 헬륨, 그리고 약간의 메탄과 물, 암모니아 등으로 이루어져 있습니다. 그중에서도 바깥 대기는 메탄 구름입니다. 메탄이 붉은색과 주황색을 흡수하고 푸른색만 반사하기 때문에 천왕성이 푸르게 보이는 겁니다."

"윽, 암모니아와 메탄이라면 인간의 오줌과 방귀에 들어 있는 물질

이잖아?"

나비는 말하면서 나대용을 힐끗 쳐다보았다.

"어쩐지 아까부터 무슨 냄새가 나더라니……."

팡소로는 얼굴을 찡그렸다.

"지잉, 그건 지구인 꼬마의 방귀 냄새일 겁니다. 천왕성의 대기는 기온이 영하 216℃ 정도로 매우 낮아서 메탄과 암모니아가 얼음처럼 단단한 알갱이를 이루고 있습니다. 따라서 지구인의 화장실처럼 냄새가 나진 않습니다."

기묘박사의 말에 나대용은 얼굴이 빨개졌다. 팡소로는 나대용을 보며 짓궂게 웃었다.

"표면이 기체와 얼음으로 이루어진 데다 기온은 영하 216℃라……. 그렇다면 더 이상 천왕성에 머물 필요가 없겠군."

잠자코 이야기를 듣고 있던 쿵샤르가 말했다. 대신 쿵샤르는 천왕성의 위성을 둘러볼 작정이었다. 하지만 27개나 되는 위성 중에 쿵샤르의 마음을 끄는 위성은 하나도 없었다. 가장 큰 위성인 티타니아조차 지름이 1578km로 목성의 위성 유로파나 토성의 위성 타이탄에 비하면 크기가 매우 작았던 것이다. 쿵샤르는 그 사실을 알자 주저 없이 해왕성으로 떠났다.

해왕성까지는 더 멀었다. 천왕성의 궤도와 해왕성의 궤도가 16억 km 넘게 떨어져 있었기 때문이다. 하지만 나대용과 홍순용 여사에게는 태양계의 마지막 행성인 해왕성까지 가는 길이 짧게만 느껴졌다.

"해왕성 탐사가 끝나면 바로 나르 행성으로 가는 거 아닐까? 할머니, 그럼 우린 어떡해? 이제 집에 못 가는 거야?"

"무슨 소리여? 집으로 가야지. 어떻게 해서든 지구로 돌아가야지."

나대용과 홍순용 여사는 며칠을 생각하고 또 생각한 끝에 드디어 해답을 얻었다.

"캡슐이 하나 남아 있다고 허지 않았어? 그걸 찾으면 지구에 갈 수 있을 거여."

나대용과 홍순용 여사는 팡소로와 쿵샤르에게 숨바꼭질을 가르쳐 주었다. 숨바꼭질을 하면서 기묘박사 내부를 구석구석 뒤져 캡슐을 찾을 작정이었다. 다행히 팡소로와 쿵샤르는 숨바꼭질을 재미있어했다.

나대용과 홍순용 여사는 여기저기 숨는 척하며 캡슐을 찾아보았다. 술래가 되면 일부러 못 찾는 척하며 이곳저곳을 돌아다녔다. 하지만 캡슐은 쉽게 눈에 띄지 않았다. 나대용은 기묘박사의 구조를 다시 한번 떠올렸다.

'기계실이야. 기계실만 빼고는 다 가 보았으니까.'

나대용은 재빨리 기계실로 달려갔다. 그런데 기계실에 들어서자마자, 그만 발이 삐끗하면서 중심을 잃고 말았다. 나대용은 벽을 잡으려고 팔을 쭉 뻗었지만, 무엇인가 손에 닿았다고 생각한 순간 몸이 아래로 굴러떨어지고 말았다.

"아얏, 아파! 그런데 여기가 어디지?"

잠시 후 정신을 차린 나대용은 주위를 둘러보았다. 사방이 막힌 그곳은 작은 방처럼 보였다. 바닥에는 의자 2개가 앞뒤로 나란히 놓여 있었고 벽에는 버튼 몇 개와 계기판이 달려 있었다. 둥근 천장과 연결된 벽 위쪽은 유리처럼 투명했다. 나대용은 투명한 벽으로 밖을 내다보았다. 그러고는 하마터면 소리를 지를 뻔했다. 건너편 벽에 매달린 동그란 원반에 캡슐을 타고 있는 자기 모습이 비쳤기 때문이다.

'찾았어! 드디어 캡슐을 찾았어! 어서 할머니께 이 소식을 알려야지.'

나대용은 마음이 바빠졌다. 캡슐은 기계실과 관으로 연결되어 있었다. 나대용은 미끄럼틀처럼 생긴 관을 가까스로 기어올라가 기계실로 돌아갔다. 그때 팡소로가 부르는 소리가 들렸다.

"야, 나대용! 도대체 어디 있는 거야? 술래 하다 말고 네가 숨었냐?"

나대용은 캡슐로 가는 구멍의 위치를 확인하고, 서둘러 기계실 밖으로 나갔다.

"왜 함부로 그곳에 들어간 거지?"

밖에 서 있던 쿵샤르가 의심스런 눈으로 나대용을 쳐다보았다.

"그야 술래니까 찾으러……."

나대용은 기어들어 가는 목소리로 겨우 대답했다. 쿵샤르는 아무 말 없이 눈알만 굴려 댔다. 나대용은 팡소로와 쿵샤르의 눈을 피해 홍순용 여사에게 고개를 끄덕였다. 캡슐을 찾았다는 신호였다.

얼마 후, 기묘박사는 해왕성에 도착했다. 해왕성은 여러모로 천왕성

과 비슷했다. 해왕성이 더 파랗긴 했지만 색깔도 천왕성처럼 푸른빛이었고 크기도 비슷했다.

"지잉, 해왕성의 푸른빛도 메탄 구름 때문입니다. 해왕성을 이루고 있는 물질은 천왕성과 거의 같습니다."

"그래서 천왕성이랑 해왕성을 쌍둥이 행성이라고 부르기도 해."
나비가 말했다.

"해왕성도 기체와 얼음으로 이루어진 행성이라 이거지?"
팡소로가 기묘박사와 나비의 말을 받아 말했다.

"뭐야? 그럼 연료가 넉넉했다 해도 어차피 토성, 천왕성, 해왕성에는 착륙할 수 없는 거였네. 히, 그러니까 왠지 덜 억울한걸. 안 그렇습니까, 쿵샤르 님?"

"하지만 우리가 놓친 게 행성만은 아니잖아."

쿵샤르는 타이탄에 착륙하지 못한 아쉬움이 되살아난 듯 퉁명스럽게 대꾸했다.

해왕성에 더 가까이 다가가자 표면에 목성에서 보았던 것과 비슷한 줄무늬와 작은 점이 나타났다.

"지잉, 목성이나 토성의 바람보다도 수백 배나 빨리 움직이는 아주 거센 바람입니다."

해왕성의 표면을 살펴본 기묘박사가 말했다. 그 말에 모두들 목성에서의 끔찍한 기억이 떠올랐다. 팡소로는 얼른 해왕성을 떠나자고 재촉했다. 나대용과 홍순용 여사는 마음이 조급해졌다. 하지만 팡소로와 쿵샤르의 눈을 피해 캡슐을 타러 갈 기회는 쉽사리 생기지 않았다.

"위성에는 안 갈겨?"

홍순용 여사는 어떻게든 시간을 벌 생각으로 그렇게 말했다. 다행히 쿵샤르는 지름이 2706km인 위성이 있다는 걸 알고 들러 보고 싶어 했다. 그 위성의 이름은 트리톤이었다. 보통 위성들은 행성이 자전하는 방향으로 행성 주위를 공전하는데, 트리톤은 희한하게도 해왕성이 자전하는 방향과 반대 방향으로 해왕성 주위를 돌고 있었다.

"트리톤은 해왕성과 함께 만들어진 위성이 아닐 거야. 멀리 떨어진 곳에서 만들어져 이 근처를 지나다가 해왕성의 중력에 이끌려 해왕성 주위를 공전하게 되었겠지."

쿵샤르가 말했다.

"안됐다. 태어난 고향을 떠나서 멀리 붙들려 온 거잖아."

팡소로가 말했다.

'이대로 나르 행성으로 간다면 나도 트리톤 같은 꼴이 되겠지?'

나대용은 생각했다.

'안 돼. 지구로 돌아가야 해. 캡슐도 찾았으니까 갈 수 있을 거야. 하지만 쿵샤르 몰래 어떻게 캡슐에 타지? 캡슐에 탄다 해도 움직이는 법도 모르잖아? 캡슐이 지구로 안 가고 엉뚱한 곳으로 가면? 그러다 우주 미아가 되는 건 아닐까?'

나대용이 불안한 마음으로 온갖 걱정을 하는 동안 기묘박사는 벌써 트리톤을 떠나고 있었다.

쿵샤르의 태양계 탐사 일지

삐딱한 천왕성과 바람 잘 날 없는 해왕성 - 6873아뜨 443나르

천왕성과 해왕성은 모두 표면이 기체와 얼음으로 이루어진 행성으로, 목성이나 토성처럼 고리가 있고 위성도 제법 많다. 크기는 목성과 토성에 비해 작은 편이었다.

천왕성

태양으로부터의 거리 약 28억 7066만 km. 지구와 태양 사이 거리의 19.2배다.

크기와 모양 지름이 5만 724km로 지구의 4배이며 청록색을 띤다.

대기 대부분이 수소와 헬륨이며 메탄과 암모니아 등이 섞여 있다. 가장 바깥 대기는 메탄 구름으로 이루어져 있다. 천왕성이 청록색을 띠는 건 바로 메탄 때문이다.

기온 영하 216℃ 정도로 끔찍하게 춥다.

자전과 공전 한 번 자전하는 데 17시간 정도 걸리며, 공전하는 데는 84년이 걸린다. 자전축이 심하게 기울어 있어서 거의 위아래로 도는 것처럼 보이며, 극지방의 경우 42년 동안은 해가 떠 있고 다음 42년 동안은 해가 보이지 않는다.

고리 13개의 고리가 있지만 토성의 고리에 비하면 매우 가늘고 어둡다.

위성 미란다, 아리엘, 움브리엘, 티타니아, 오베론 등 27개나 된다. 목성과 토성 다음으로 위성이 많지만 대부분 크기가 작다.

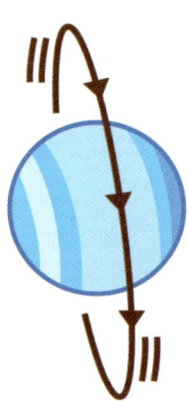

 해왕성

태양으로부터의 거리 약 44억 9840만 km. 지구와 태양 사이 거리의 30배다.

크기와 모양 지름이 4만 9244km로 천왕성보다 약간 작다. 천왕성보다 더 푸른 색을 띠며 목성처럼 줄무늬가 보인다.

대기 천왕성처럼 대부분이 수소와 헬륨이며 메탄과 암모니아 등이 섞여 있다.

기온 영하 214℃ 정도. 천왕성보다 태양에서 훨씬 먼데도 천왕성과 기온이 비슷한 건 해왕성 중심이 별과 비슷하기 때문이다. 해왕성 중심은 태양 표면과 온도가 비슷할 것이라고 한다. 그 열이 해왕성에 거센 바람을 일으키는 것으로 보인다.

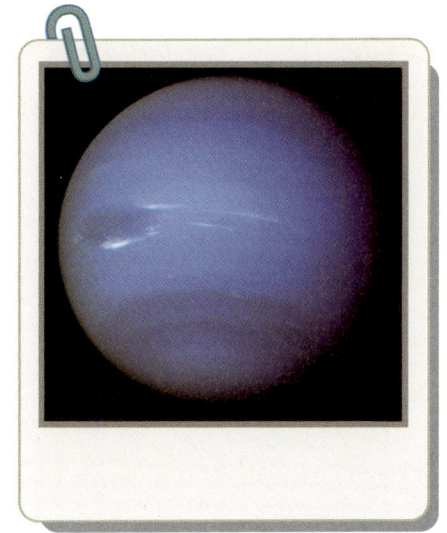

자전과 공전 자전 주기는 약 16시간, 공전 주기는 164년이 조금 넘는다.

고리 기묘박사는 9개라는데, 고리가 워낙 가늘고 어두워서 잘 보이지 않았다.

위성 13개의 위성이 있으며, 지름 2706km인 트리톤이 가장 크다. 트리톤에는 질소로 된 엷은 대기가 있으며, 질소가 뿜어져 나오는 화산도 있다. 기온이 영하 236℃ 라 질소가 밖으로 나오자마자 얼어 버리겠지만.

▶나비 말로는 해왕성에도 목성처럼 지구만 한 크기의 깊은 점이 있었다는데 그새 사라졌는지 보이지 않았다. 그 점 역시 거대한 소용돌이였을 것이다.

▶지구인 꼬마가 허락도 없이 기계실에 갔다. 캡슐을 찾아 탈출이라도 하려는 걸까? 하긴 다른 행성에 가면 실험 대상이 될 게 뻔한데, 지구인들을 어떻게 해야 할까?

궁금해! 궁금해!

행성 발견자들

옛날에는 토성이 태양계의 마지막 행성인 줄 알았대. 지구에서 맨눈으로 관찰할 수 있는 행성이 수성, 금성, 화성, 목성, 토성 이렇게 5개뿐이었으니까. 실은 천왕성도 보이긴 하지만 너무 어두워서 맨눈으로는 관찰하기가 쉽지 않아. 그래서 망원경이 발명된 뒤에야 발견되었지. 이어서 해왕성이 발견되고, 지금은 왜행성이지만 한때 태양계의 아홉 번째 행성으로 불렸던 명왕성도 발견되었어. 이렇게 아무도 모르던 행성을 처음 발견한 사람은 누구일까? 새로운 행성은 모두 망원경으로 발견한 걸까?

천왕성을 발견한 사람은 윌리엄 허셜이라는 영국의 천문학자야. 허셜은 원래 오르간 연주자였는데, 천문학에 관심이 많아서 혼자 책을 읽으며 천문학을 공부했대.

1781년, 허셜은 직접 만든 망원경으로 밤하늘을 관찰하다가 푸른빛을 내는 천왕성을 발견했어. 처음에는 그것이 혜성인 줄 알았다나 봐. 하지만 1년 뒤, 그것이 새로운 행성이라는 게 밝혀졌고 천왕성이라고 부르게 되었지. 1787년, 천왕성의 위성인 티타니아와 오베론을 발견한 것도 바로 허셜이야.

해왕성은 계산으로 먼저 알아낸 행성이야. 그게 무슨 말이냐고? 천왕성이 발견되고 나서 과학자들은 천왕성의 궤도를 연구했어. 그런데 정확히 계산한 궤도와 실제 천왕성이 움직이는 궤도가 잘 맞지 않았지. 영국의 수학자 애덤스는 아직 알려지지 않은 천체가 천왕성의 궤도에 영향을 끼치고 있다고 생각하고 그 천체의 위치를 계산했어. 프랑스의 천문학자 르베리에도 애덤스와 같은 생각으로 새로운 천체의 위치를 계산하고, 독일 천문학자 갈레에게 그곳을 조사해 달라 부탁했어. 1846년, 갈레는 마침내 새로운 행성을 발견했지. 그게 바로 해왕성이야. 애덤스와 르베리에의 계산 덕분에 해왕성을 발견할 수 있었던 거지.

명왕성은 미국의 로웰 천문대에서 일하던 클라이드 톰보가 발견했어. 로웰 천문대를 세운 로웰은 천왕성과 해왕성 궤도에 영향을 미치는 미지의 행성이 있다고 믿고, '행성 X'라고 이름 붙인 그 행성을 10년 동안이나 찾았대. 하지만 찾지 못하고 죽고 말았지. 그래도 행성을 찾는 일은 계속되어서 1930년 마침내 톰보가 명왕성을 발견했어. 하지만 명왕성은 로웰이 찾던 행성 X가 아니었어. 천왕성과 해왕성 궤도에 영향을 주기에는 명왕성의 질량이 너무 작았거든. 그래서 몇몇 학자들은 아직도 지구보다 훨씬 무거운 행성 X가 태양계 어딘가에 있을 것으로 믿고 찾고 있다지 뭐야.

제10장
이별

"해왕성 바깥에 왜행성들이 있다고 하지 않았나? 그러니 탐사가 끝난 게 아니야. 지구인들이 발견하지 못한 행성이 또 있을지 누가 알겠어?"

쿵샤르의 한마디에, 얼마 전까지 태양계 아홉 번째 행성 대우를 받던 명왕성이 다음 목적지로 정해졌다. 나대용과 홍순용 여사는 안도의 한숨을 내쉬었다.

'아직 기회가 있어. 명왕성까지 가는 동안 캡슐을 타고 떠나는 거야.'

나대용은 이렇게 생각하며 홍순용 여사에게 눈짓으로 신호를 보냈다. 노란 방으로 가는 척하면서 기계실로 갈 작정이었다. 나대용은 마지막으로 어깨 위에 나비가 앉아 있는 걸 확인했다. 나비만 두고 떠날 수는 없었기 때문이다. 그런데 갑자기 팡소로가 나대용을 보며 물었다.

"지구인들은 왜 그렇게 오락가락해? 행성이랬다가 아니랬다가. 대체 명왕성은 다른 행성들과 뭐가 다르다는 거야?"

"응? 그, 글쎄……."

나대용은 멈칫하며 얼버무렸다. 그러자 나비가 대신 대답했다.

"명왕성은 지구의 위성인 달보다도 작아. 게다가 공전 궤도는 아주 길쭉한 타원형이야. 태양과의 거리가 멀 때는 50AU나 되지만 가장 가까울 때는 30AU로 해왕성보다 더 가까워지지. 공전 궤도면도 다른 행성들과 달리 기울어져 있어."

"그래도 오랫동안 행성이라고 하다가 왜 갑자기?"

쿵샤르가 고개를 갸웃거리자, 나비가 설명을 계속했다.

"명왕성과 크기가 엇비슷한 천체가 몇 개 더 발견되었거든. 그중 2003 UB313이라는 천체는 명왕성보다 더 컸어. 그러니까 명왕성이 행성이라면 2003 UB313도 당연히 행성이 되어야 하는 거지. 그러다 보니 태양계에 행성이 너무 많아지잖아. 그래서 행성의 조건을 다시 정하고 여기에 해당되지 않는 명왕성이랑, 명왕성과 크기가 비슷비슷한 하우메아, 마케마케, 에리스 등을 '왜행성'이라고 분류한 거야. 2003 UB313이 바로 에리스야. 에리스는 그리스 신화에 나오는 분쟁의 여신이래."

"분쟁의 여신?"

팡소로가 되물었다.

"에리스 때문에 명왕성이 행성인지 아닌지 분쟁이 생겼잖아. 그래서 그런 이름이 붙었다나 봐."

나비의 말에 팡소로와 쿵샤르는 고개를 끄덕였다. 나대용은 나비에게 미리 탈출 계획을 말하지 못한 것이 몹시 후회스러웠다. 나비가 이야기를 끝마치기를 끈기 있게 기다리던 나대용은 다시 홍순용 여사와 눈빛을 교환했다. 그런데 이번에는 기묘박사가 나대용의 발목을 잡았다.

"지잉, 작은 천체들이 나타나고 있습니다. 장애물 피하기 기능을 작동합니다."

"어머, 여기도 소행성대가 있어?"

팡소로는 뜻밖의 구경거리에 기뻐하는 듯했다.

"해왕성 밖에 있는 '카이퍼대'야. 화성과 목성 사이에 있는 소행성대처럼 수많은 소천체가 하나의 띠를 이루고 있지. 명왕성, 하우메아 등도 모두 카이퍼대에 있어. 지름이 1km가 넘는 것들을 모두 세면, 천체의 수가 1조 개나 된대."

"1조 개나?"

나비의 설명에 홍순용 여사가 놀라서 되물었다.

'캡슐을 타고 가다 천체에 부딪히기라도 하면 몸이 가루가 될 텐데.'

나대용은 더럭 겁이 났다. 홍순용 여사도 고개를 절레절레 흔들었다.

나대용과 홍순용 여사가 이러지도 저러지도 못하고 안절부절못하는 동안, 어느새 명왕성이 모습을 드러냈다. 명왕성은 바로 옆에 있는 또 다른 천체 때문에 마치 혹이라도 달린 듯 보였다. 명왕성보다 약간 작은 그 천체는 명왕성의 위성 중 하나인 카론이었다.

"지잉, 명왕성과 카론의 거리는 1만 9640km입니다."

기묘박사가 알려 왔다.

"지구와 달 사이 거리의 1/20밖에 안 되니 정말 가깝군. 그런데 지름이 명왕성의 반이나 되다니, 명왕성의 위성이라고 하기에는 너무 큰걸."

쿵샤르가 명왕성과 카론의 크기를 견주어 보며 말했다.

"그래서 카론은 처음 발견되었을 때부터 위성이다 아니다 말이 많았어. 크기도 큰 데다, 카론은 다른 위성들처럼 명왕성 주위를 돈다기보다 명왕성과 마주하고 함께 돌고 있거든. 마치 둘이서 손을 맞잡고 함께 빙글빙글 도는 것처럼 말이야. 사실 명왕성이 행성의 자리에서 쫓겨난 건 카론 때문이기도 해. 행성이라면 그 주위에서는 어떤 것도 따라올 수 없을 만큼 힘이 세야 하는데 명왕성은 카론과 힘겨루기를 하고 있으니까. 그래서야 행성이라고 할 수 없다, 이거지. 어쩌면 조만간 카론도 왜행성으로 부르게 될지 몰라. 그렇게 주장하는 학자들이 많거든."

나비가 말했다.

"지구인들은 만날 이랬다저랬다 하네. 하지만 카론이 위성이든 왜행성이든 관심 없어. 난 명왕성에 발 디딜 곳이 있는지 그게 더 궁금해."

팡소로는 그렇게 말하며 명왕성을 힐끔거렸다. 쿵샤르가 말했다.

"그러고 보니 목성부터 해왕성까지는 모두 착륙이 불가능한 행성들이었군. 기묘박사, 어떤가? 설마 명왕성도?"

"지잉, 아닙니다, 쿵샤르 님. 명왕성은 표면이 단단해서 연료 문제만 아니면 착륙도 가능합니다. 카이퍼대에 있는 소천체들이 대부분 암석과 먼지 섞인 얼음덩어리인 걸로 보아 명왕성도 암석과 얼음으로 이루어졌을 가능성이 큽니다."

기묘박사가 대답했다. 그러자 나비가 중얼거렸다.

"아, 그래서 카이퍼대에 있는 소천체가 혜성이 되는 거구나."

"뭐라고? 저 소천체들이 혜성이라고?"

나대용은 혜성이라는 말에 귀가 번쩍 뜨였다. 쿵샤르도 더듬이를 바짝 세우며 나비를 바라보았다.

"다는 아니고, 어쩌다 카이퍼대의 소천체가 태양의 힘에 이끌려 태양 가까이로 움직이는 경우가 있대. 그러면 태양열과 태양풍 때문에 얼음이 녹아서 먼지랑 수증기로 된 긴 꼬리가 생겨. 바로 혜성이 되는 거지."

나비가 설명을 끝내자 쿵샤르가 말했다.

"카이퍼대를 탐사하다 보면 태양계에 관해 더 많은 것을 알아낼 수 있겠군. 기묘박사, 어서 하우메아로 가지. 마케마케와 에리스까지 가면서 카이퍼대를 좀 더 살펴봐야겠어."

하지만 기묘박사는 쿵샤르의 명령을 따르지 않았다.

"지잉, 안 됩니다. 태양계 탐사를 멈추고 돌아가야 합니다. 지금 바로 나르 행성으로 떠나지 않으면 나르 행성까지 갈 연료가 부족합니다."

기묘박사의 말에 쿵샤르는 말없이 눈알만 데굴데굴 굴려 댔다. 나대용

과 홍순용 여사는 가슴이 철렁 내려앉았다. 나대용은 엄마 아빠의 얼굴이 떠올라 눈에 눈물이 그렁그렁 고였다. 마침내 쿵샤르가 입을 열었다.

"이대로 돌아가진 않겠다. 태양계가 나르인들이 이주해도 좋은 곳인지 판단하려면 태양계를 속속들이 알아야 해. 카이퍼대 안에 또 어떤 천체가 있는지, 카이퍼대 너머에는 무엇이 있는지까지도 말이야."

"지잉, 하지만 연료가……."

"그래서 결정했다. 지금 당장 지구로 돌아간다. 지구에서 연료를 보충하고 태양계 탐사를 완료하는 거야. 우린 이미 태양계에 관해 많은 것을 알아냈기 때문에, 위험을 피할 수 있고 보다 효율적으로 탐사를 진행할 수 있어. 타이탄은 물론이고, 유로파와 트리톤에도 착륙해야겠지."

쿵샤르의 말에 나대용과 홍순용 여사는 너무 기뻐 서로 얼싸안고 눈물을 흘렸다.

기묘박사는 속도 조절 모드를 '항성 간 이동 모드'로 바꾸고 단숨에 지구를 향해 날아가기 시작했다. 쿵샤르는 지구에 도착하는 대로 나대용과 홍순용 여사를 집으로 돌려보내 주기로 약속했다.

"태양계 탐사를 마치고 나르 행성으로 가면 너희는 해부용이 되거나, 가까스로 살아남는다 해도 평생 실험실에 갇혀서 지내야 할 거야. 그건 나도 바라지 않아. 그러니 돌려보내 주지. 대신 우리에 관해 아무것도 입 밖에 내선 안 돼. 그 약속은 꼭 지켜라."

쿵샤르가 말했다.

"아이고, 그런 걱정은 하덜 말어. 하라고 졸라도 안 혀. 아무 증거도 없이 외계인 얘길 해 봤자 정신 나갔단 소리만 들을 것이 뻔한디……."

홍순용 여사는 손사래를 치며 쿵샤르를 안심시켰다.
"맞아, 내가 기묘박사 사진을 보여 줬는데도 안 믿었는걸. 나도 절대 얘기 안 할 거야. 약속할게요."
나대용도 다짐했다.
"너 없으면 되게 심심하겠다."
팡소로는 아쉬운 듯 말했다.
"심심하긴. 나비가 있잖아."
나대용이 말했다. 나비는 기묘박사에 남기로 했던 것이다.
"난 쿵샤르, 팡소로와 함께 태양계 탐사를 계속하고 싶어. 이번에는 나도 다른 행성에 내려 볼 수 있겠지? 그리고 탐사가 끝나면 나르 행성으로 갈래. 쿵샤르와 팡소로처럼 나르인들은 나를 귀여워해 줄지도 모르잖아. 지구에서 미움받고 사느니 모험을 해 보겠어."

이윽고 기묘박사가 지구의 대기권에 진입했다. 어디서 왔는지 모를 암석 부스러기 몇 개가 기묘박사와 나란히 대기권을 통과하면서 빛을 내며 타 버렸다.
"유성이야. 어디선가 소행성들이 충돌해서 생긴 부스러기들이지."
나비가 말했다.
"유성이면 별똥별 말이구먼. 별똥별을 보고 소원을 빌면 이루어진다

고 했으니 우리도 한번 빌어 볼까?"

홍순용 여사가 말했다.

'쿵샤르와 팡소로가 무사히 태양계 탐사를 마치고 나르 행성으로 돌아가게 해 주세요. 나르 행성에 가서 나비가 사랑받고 살게 해 주세요.'

나대용은 마음속으로 소원을 빌었다. 그리고 쿵샤르와 팡소로와 나비에게 작별 인사를 했다. 기묘박사는 나대용과 홍순용 여사의 귀에서 쏙쏙이 칩을 뺀 다음, 나노 캡처에 실어 땅 위에 살포시 내려 주었다. 나대용과 홍순용 여사는 처음 기묘박사에게 납치되었던 도서관 앞길에 서서 기묘박사가 사라진 하늘을 향해 오래오래 손을 흔들었다. 그러고는 집으로 돌아와 그대로 깊은 잠에 빠져들었다.

다음 날, 나대용과 홍순용 여사는 도서관에 가서 《외계인을 만난 사람들》을 반납했다.

"반납일이 한참 지났네요. 앞으로 22일 동안 책을 빌릴 수 없습니다."

도서관 사서가 말했다.

"22일? 그럼 오늘이 며칠이라는 거야?"

"8월 25일이야."

홍순용 여사가 도서관 책상 위에 세워져 있는 날짜 카드를 가리켰다.
"으악! 낼모레가 개학이야!"
나대용은 도서관을 나오며 소리쳤다.

그날, 나대용은 하루 종일 방학 숙제를 하느라 바빴다. 밀린 일기를 쓰고 독후감을 쓰고, 그러다 지겨워지면 한 번씩 쿵샤르와 팡소로를 떠올렸다. 바로 어제까지도 함께 기묘박사를 타고 태양계를 탐사했는데 지금은 그 사실이 도무지 믿기지 않았다.

홍순용 여사는 청소를 하고 그동안 말라 버린 화분도 정리했다. 그러다 힘이 들면 한 번씩 외계인 친구들과 우주에서 보았던 아름다운 행성을 떠올렸다. 그러나 실감이 나지 않는 건 홍순용 여사도 마찬가지였다. 그럴 때면 둘은 "혹시 우리가 꿈을 꾼 게 아닐까?" 하고 이야기를 나누었다. 그런데 그날 저녁, 텔레비전에서 다음과 같은 뉴스가 흘러나왔다.

"오늘 새벽, 원자력 발전소에서 우라늄 연료봉을 도난당한 사실이 밝혀졌습니다. 경찰은 국립 과학 수사 연구소에 협조를 요청하고 범인의 행적을 추적 중이라고 합니다."

뉴스를 들은 나대용과 홍순용 여사는 마주 보며 씩 웃었다.

쿵샤르의 태양계 탐사 일지

1차 태양계 탐사 끝! - 6873아뜨 447나르

해왕성 바깥에 있는 카이퍼대에 도착하여 왜행성인 명왕성을 탐사했다. 카이퍼대에는 명왕성 말고도 몇몇 왜행성이 더 있었지만 탐사를 계속하기에는 연료가 부족했다. 고민 끝에 우리는 지구로 가서 연료를 보충하고 통신 장치를 수리한 뒤 다시 태양계 탐사에 나서기로 결정했다. 기묘박사는 그동안의 탐사 결과를 바탕으로 훨씬 더 정확한 태양계 지도를 완성했다. 제2차 태양계 탐사에 큰 도움이 될 것이다.

카이퍼대

'카이퍼대'는 해왕성 바깥쪽에 여러 개의 소천체가 띠 모양을 이루고 있는 곳이다.

태양으로부터의 거리 약 30~50AU, 하지만 소천체가 보다 드문드문 있는 곳까지 치면 1000AU까지도 이어져 있다.

천체의 수 지구인들이 발견한 것만도 1000개가 넘는다. 지름이 1km 이상인 천체의 수를 센다면 대략 1조 개쯤 될 것이다.

혜성 카이퍼대에 있는 소천체가 태양 쪽으로 끌려가면 혜성이 되기도 한다. 이런 혜성은 태양 둘레를 도는 데 200년이 안 걸리는, 비교적 주기가 짧은 편인 혜성들이다.

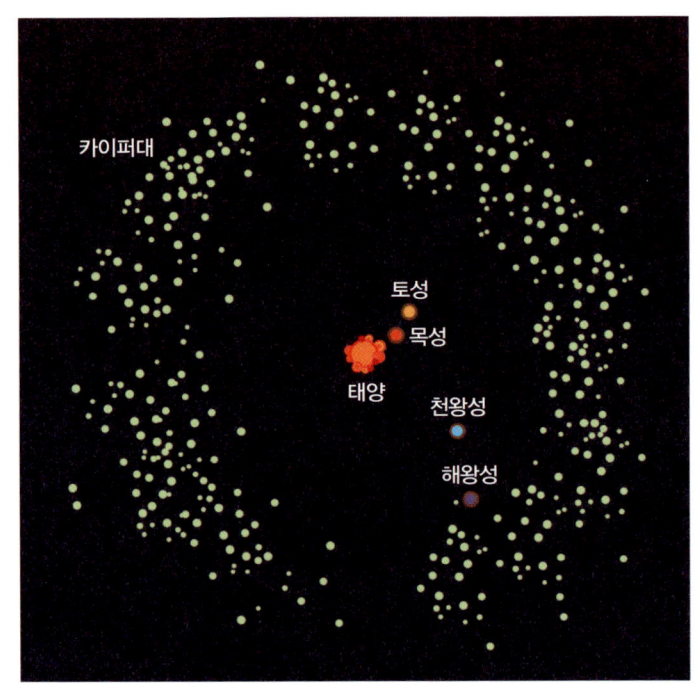

왜행성 태양계에서는 지금까지 5개의 왜행성이 발견됐는데, 화성과 목성 사이에 있는 케레스를 빼면 나머지 4개가 카이퍼대에 있다. 카이퍼대에 있는 왜행성인 명왕성, 하우메아, 마케마케, 에리스는 모두 공전 궤도가 길쭉한 타원형이다.

명왕성은 지름이 약 2302km로 지구의 위성인 달보다 작다. 표면에는 아주 엷은 대기가 있으며, 표면 온도는 영하 230~220℃ 정도이다. 한 번 자전하는 데는 약 6일이 걸리고, 태양 둘레를 한 번 공전하는 데는 248년이나 걸린다. 그중 20년 정도는 태양과의 거리가 해왕성보다 더 가까워진다.

명왕성에는 5개의 위성이 있는데, 그중 카론은 지름이 1200km로 명왕성의 위성 중 가장 크다. 명왕성과의 거리는 약 2만 km로 매우 가깝다. 카론은 명왕성과 마치 끈으로 연결된 듯 항상 서로 같은 면을 보며 빙글빙글 돌고 있다.

명왕성과 카론

▶카이퍼대에 있는 천체들은 행성이 되려다 만 천체들로 보인다. 카이퍼대를 꼼꼼히 조사하면 행성이 어떻게 생겨나는지 그 비밀을 알 수 있지 않을까? 행성 탄생의 비밀을 알면 나르인들에게 맞는 행성을 찾는 데도 분명 도움이 될 것이다.

▶지구인 꼬마와 할멈을 지구로 돌려보내기로 결심했다. 헤어지는 건 슬프지만 그것만이 지구인들이 살 수 있는 길이다. 흑흑, 안녕, 친구들!

궁금해! 궁금해!

지구의 우주 탐사선은 어디까지 갔을까?

그동안 인류는 머나먼 우주를 탐험하기 위해 많은 탐사선을 우주로 보냈어. '아폴로' 탐사선은 달에 갔고, '매리너 10호'는 수성 가까이 날아가 수성의 사진을 찍었지. '마젤란'과 '베네라'는 금성을, '갈릴레오'는 목성을, '카시니'는 토성을 탐사한 탐사선이야. 화성 탐사선은 '바이킹' 1호와 2호, '마스 패스파인더', '마스 글로벌 서베이어', '마스 익스프레스' 등 매우 많아. 그럼 지금까지 지구에서 가장 멀리까지 간 우주 탐사선은 무엇이고, 과연 어디까지 갔을까?

지구에서 가장 멀리까지 간 탐사선은 바로 보이저 탐사선이야. 1977년에 발사된 보이저 1호와 2호의 임무는 목성, 토성, 천왕성, 해왕성과 해왕성 밖을 탐사하는 것이었지.

보이저 1호는 1979년 5월 목성에 접근해서 목성과 위성들의 사진을 찍고 목성의 고리를 발견했어. 1980년 11월에는 토성 근처를 통과하면서 고리의 사진을 찍고, 새로운 위성을 발견했지. 2004년 12월에는 태양풍이 급격히 약해지는 '말단 충격' 영역을 통과했대. 2013년에는 태양풍의 영향이 없어지는 경계인 태양권 계면을 통과하고 성간 우주(태양권 밖 별과 별 사이의 우주)로 진입했어. 보이저 1호는 우주 가

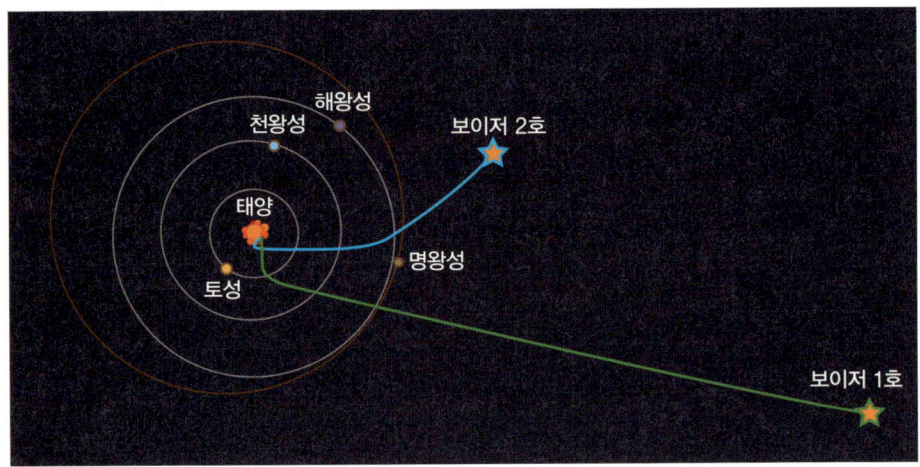

보이저 탐사선의 이동 경로

장 멀리까지 날아간 우주선이자, 인간이 만든 가장 빠른 물체이기도 해. 1초에 17km(1년에 3.6AU)나 날아가고 있거든.

　보이저 2호는 목성과 토성을 지나 1986년 6월 천왕성에, 1989년 8월 해왕성에 가까이 접근했어. 천왕성과 해왕성을 탐사한 보이저 2호는 2018년 태양권 계면을 통과하고 현재 지구에서 약 182억 km 떨어진 곳을 날고 있지.

　보이저 1호와 2호에는 '지구의 속삭임'이라는 금속 음반이 들어 있어. 그 안에는 55개 말로 된 인사말과 자연의 소리, 그리고 지구의 모습이 찍힌 사진이 담겨 있다고 해. 보이저 탐사선이 언젠가 외계인을 만나 '지구의 속삭임'을 전해 줄 수 있을까?

　2006년 1월에는 NASA에서 '뉴 허라이즌스' 탐사선을 발사했어. 뉴 허라이즌스는 2015년에 명왕성을 탐사했고, 지금은 태양계와 행성이 탄생한 비밀을 밝혀 줄 '카이퍼대'를 탐사하고 있어.

뒷이야기 1

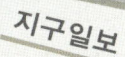

○○○○년 ○○월 ○○일

▲▲초등학교 나대용 어린이, NASA 주최 세계 어린이 행성 그리기 대회 우승!

미국 항공 우주국, NASA에서 주최한 세계 어린이 행성 그리기 대회에서 대한민국의 나대용 어린이(▲▲초등학교 4학년)가 우승을 차지했다. 나대용 어린이는 화성의 모습을 마치 실제로 가 본 것처럼 매우 사실적이고 생생하게 표현하여 심사 위원들의 감탄을 자아냈다고 한다. 우승을 한 나대용 어린이는 보호자 1인과 함께 내년 1월, NASA에 초청되는 행운을 얻었다.

뒷이야기 2

〈여기는 나르 행성〉

기묘박사의 귀환,
쿵샤르와 팡소로의
용기 있는 태양계
탐사 이야기!

기묘박사를 타고 태양계(노랑별 행성계) 탐사를 떠났던
쿵샤르 대장과 팡소로 대원이 무사히 귀환했다.
나르 행성 본부와 연락이 끊기고 연료가 부족한 상황에서도
태양계 탐사 임무를 훌륭히 완수하고 돌아온 것이다.
특히 쿵샤르와 팡소로는 이번 탐사를 통해 행성이
만들어지는 비밀을 밝힌 것으로
알려져 과학자들을
흥분시키고 있다.

제2의 나르 행성 발견!

나르 행성에서 불과 5광년 떨어진
곳에서 제2의 나르 행성이 발견되었다.
제2의 나르 행성은 '활활별 행성계'에
있는 '조아 행성'으로 중력과 대기가
나르 행성과 같고 기온도 거의 비슷한
것으로 알려졌다. 나르 행성 지도부는
"제2의 나르 행성을 발견할 수 있었던 것은
태양계 탐사를 통해 행성에 관한 비밀을
밝힌 쿵샤르와 팡소로 덕분"이라며
공로를 치하했다.